E. W. KENYON Y
DON GOSSETT

DECLARE VIDA

WHITAKER
HOUSE

A menos que se indique lo contrario, todas las citas bíblicas son tomadas de la versión *Santa Biblia, Reina-Valera 1960* (rvr), © 1960 Sociedades Bíblicas en América Latina; © renovado 1988 Sociedades Bíblicas Unidas. Usadas con permiso. Las citas bíblicas marcadas (nvi) son tomadas de la *Santa Biblia, Nueva Versión Internacional*, nvi*, © 1999 por la Sociedad Bíblica Internacional. Usadas con permiso. Todos los derechos reservados. Las citas bíblicas marcadas (ntv) son tomadas de la *Santa Biblia, Nueva Traducción Viviente*, © 2008, 2009 Tyndale House Foundation. Usadas con permiso de Tyndale House Publishers, Inc., Wheaton, Illinois 60189. Todos los derechos reservados.

Nota: El texto en negrita en las citas bíblicas significa el énfasis del autor.

Traducción al español realizada por:
Belmonte Traductores
Manuel de Falla, 2
28300 Aranjuez
Madrid, ESPAÑA
www.belmontetraductores.com

DECLARE VIDA:
Obras que Obran Maravillas
Publicado originalmente en inglés bajo el título:
Speak Life: Words That Work Wonders

ISBN: 978-1-62911-022-6
eBook ISBN: 978-1-62911-047-9
Impreso en los Estados Unidos de América
© 2014 por Don Gossett

Whitaker House
1030 Hunt Valley Circle
New Kensington, PA 15068
www.whitakerhouse.com

Por favor, envíe sugerencias sobre este libro a: comentarios@whitakerhouse.com.

1 2 3 4 5 6 7 8 9 10   ◆   20 19 18 17 16 15 14

CONTENIDO

Parte III: Palabras que producen sanidad

Parte IV: Palabras que producen victoria

PRÓLOGO

La palabra *confesión*, en su significado bíblico positivo, significa afirmar lo que Dios ha dicho en su Palabra. Es testificar de la declaración de Dios. Es dar testimonio de las verdades reveladas en la Biblia. Tenemos la comisión divina de que *"retengamos nuestra profesión"* (Hebreos 4:14). El escritor del libro de Hebreos dijo también: *"Mantengamos firme, sin fluctuar, la profesión de nuestra esperanza, porque fiel es el que prometió"* (Hebreos 10:23). No solo tenemos que "retener" nuestra confesión de la Palabra, sino que también debemos afirmar constantemente esas cosas que Dios nos ha revelado. (Véase Tito 3:8).

Confesar es decir lo que Dios ha dicho en su Palabra acerca de algo. Es ponernos de acuerdo con Dios. Es decir lo mismo que dice la Escritura. Retener su confesión es decir lo que Dios ha dicho una y otra vez hasta que eso que desea en su corazón y que está prometido en su Palabra se manifieste plenamente. No existe tal cosa como posesión sin confesión.

Cuando descubrimos nuestros derechos en Cristo, tenemos que afirmar esas cosas constantemente, testificarlas, dar testimonio de esos hechos tremendos de la Biblia. El apóstol Pablo dijo: *"Para que la participación de tu fe sea eficaz en el conocimiento de todo el bien que está en vosotros por Cristo Jesús"* (Filemón 1:6).

Afirmaciones de la verdad deberían salir de nuestros labios constantemente. Debemos retenerlas sin vacilar. El castigo por titubear en nuestra confesión es que nos privamos a nosotros mismos de la promesa de Dios y de la manifestación de la misma. *"Pero pida con fe, no dudando nada; porque el que duda es semejante a la onda del mar, que es arrastrada por el viento y echada de una parte a otra. No piense, pues, quien tal haga, que recibirá cosa alguna del Señor"* (Santiago 1:6–7).

El salmista dijo: *"Díganlo los redimidos de Jehová, los que ha redimido del poder del enemigo"* (Salmos 107:2), y de nuevo: *"Digan siempre los que aman tu salvación: Engrandecido sea Dios"* (Salmos 70:4).

Pero más que de la verdad, la Escritura está llena de vida. Jesús dijo: *"El que oye mi palabra, y cree al que me envió, **tiene vida eterna**"* (Juan 5:24). También dijo: *"El espíritu es el que da vida; la carne para nada aprovecha; las palabras que yo os he hablado son espíritu **y son vida**"* (Juan 6:63).

La Palabra de Dios es vida. Cuando la confesamos, declaramos vida en nuestra vida y en la vida de quienes nos rodean. Y esa vida es la "vida abundante" de la que Jesús habló, vidas llenas de éxito, sanidad, poder y toda cosa buena.

A través de la Palabra de Dios, usted y yo tenemos el distinguido privilegio de poder declarar vida, todos los días. Pero para hacerlo, debemos regresar constantemente a su Palabra para volver a llenarnos. Como dijo el apóstol Pedro: *"Señor, ¿a quién iremos? Tú tienes palabras de vida eterna"* (Juan 6:68).

En este libro he incluido muchas enseñanzas de las obras del Dr. E. W. Kenyon junto a mensajes míos, todos sobre el poder de confesar la Palabra de Dios. Pido a Dios que todo esto le anime a profundizar aún más la Palabra de Dios en su corazón para que vuelva a fluir al mundo en las palabras que usted declare.

—Don Gossett

PARTE I:

Palabras que producen éxito

DECLARE ÉXITO, NO FRACASO

Hable como una nueva criatura, no como el antiguo hombre lleno de envidia y corrupción. Declárelo:

> *Nueva criatura* [soy]; *las cosas viejas pasaron; he aquí todas son hechas nuevas.* (2 Corintios 5:17)

Declare su justicia en Cristo, no indignidad. Afírmelo:

> [Soy] *justicia de Dios en* [Jesucristo]. (2 Corintios 5:21)

Hable con el lenguaje del nuevo reino del amado Hijo de Dios en el que ahora vive usted, no del antiguo reino de oscuridad del que ha sido rescatado.

> *Dando gracias al Padre que nos hizo aptos para participar de la herencia de los santos en luz; el cual nos ha librado de la potestad de las tinieblas, y trasladado al reino de su amado Hijo, en quien tenemos redención por su sangre, el perdón de pecados.*
> (Colosenses 1:12–14)

Declare que usted es un heredero de Dios y coheredero con Jesucristo, no su antigua identificación como cautivo del pecado y de Satanás. Testifíquelo:

> Tengo una rica herencia. He sido bendecido con toda bendición espiritual. El Padre mismo me ama.

Declare que tiene la vida de Dios en su cuerpo mortal, no el antiguo espíritu de inferioridad, fracaso y frustración.

> *Porque en él vivimos, y nos movemos, y somos.* (Hechos 17:28)

Declare sanidad y salud, no lo enfermo y malo que está. Isaías 33:24 pronostica un tiempo futuro en el que *"no dirá el morador: Estoy enfermo"*. Este es un buen ejercicio en la vida del reino ahora. No diga:

"Estoy enfermo", sino declare la Palabra que sana. *"Por sus llagas fuimos nosotros curados"* (Isaías 53:5).

Declare éxito financiero, no pobreza y miseria.

Declare éxito matrimonial, no fracaso matrimonial.

Porque entonces harás prosperar tu camino, y todo te saldrá bien.

(Josué 1:8)

POR UN PLATO DE LENTEJAS

Esaú vendió su primogenitura. Si no lo hubiera hecho, las Escrituras dirían: "El Dios de Abraham, el Dios de Isaac, el Dios de Esaú". Ahora dice: "El Dios de Jacob".

Esaú era el mayor, y por eso la primogenitura le correspondía a él. Si Esaú no hubiera vendido su primogenitura por un plato de lentejas, Jesús habría venido a través de su genealogía en vez de la de Jacob.

Ese guiso se llamaba Edom. Así, Esaú era conocido como Edom, un nombre de escarnio, vergüenza y fracaso.

Muchas personas hoy día están vendiendo su primogenitura por un momento de placer. Están canjeando su primogenitura para conseguir la opinión de alguna persona. Están vendiendo su primogenitura por los placeres de un momento.

¡Cómo lloró Esaú cuando se dio cuenta de lo que había hecho! Pero sus lágrimas y lamentos no le hicieron recuperar lo que había intercambiado.

Muchos venden su futura felicidad por una noche de placer. Venden el éxito y la futura independencia por una hora de placer. Venden su primogenitura de comunión con el cielo por un plato de lentejas. El precio que recibieron pereció con el uso. Vendieron su poder con Dios, su derecho a usar el nombre de Jesús, la plenitud de la bendición, ¡por un plato de lentejas! Recuerde que el placer de Esaú murió cuando comió. Y lo mismo le ocurrirá al nuestro. El placer dejará dolor. El placer dejará un mal sabor en la boca del recuerdo.

Usted lo tiene todo. No lo tire. El Espíritu le está llamando a dejarlo, a regresar de nuevo a Él. Pídale perdón, sabiendo que si confiesa sus pecados, Él es fiel y justo para perdonarle y limpiarle de toda maldad. (Véase 1 Juan 1:9). Después, así como Él ha perdonado nuestros errores, podemos también nosotros perdonarlos y situarnos en dirección a Él, saliendo y ganando nuestro lugar en el mundo.

Estudie la Palabra; entréguese a ello. Vaya tras los hombres y las mujeres perdidos. Hable de Jesús, predique a Jesús, viva a Jesús, viva con la realidad de Dios latiendo a través de usted. Llévele a su vida. Ríndase a su señorío.

Ninguno de nosotros conoce los vastos asuntos que nos deparará nuestra vida. En nuestras manos ahora podría estar el destino de naciones. Su voz puede que se convierta no solo en una voz local sino en una voz nacional. No podemos dejar de creer en nuestra primogenitura en Cristo. El plato de lentejas no merece la pena. Recuerde que no hay valor en los buenos impulsos que mueren sin nacer. Traduzca el impulso en acción, confesión y vida.

Don Gossett

PALABRAS QUE OBRAN MARAVILLAS

Si tan solo nos diéramos cuenta del poder de nuestras palabras, qué distintas serían nuestras vidas. Se ha dicho que "la pluma es más poderosa que la espada". Cuánto más poderosas son las palabras de nuestra pluma y de nuestra boca cuando nuestras palabras son la Palabra de Dios. *"El que sacrifica alabanza me honrará; y al que ordenare su camino, le mostraré la salvación de Dios"* (Salmos 50:23). Algunas palabras que pueden obrar maravillas son:

Palabras de alabanza. *"Bendeciré a Jehová en todo tiempo; su alabanza estará de continuo en mi boca"* (Salmos 34:1). Decida ser un valiente "alabador" a partir de ahora. Como "alabador", ensalce al Señor no tanto por los dones que recibe de Él, sino para magnificar al maravilloso Dador.

Palabras de edificación y gracia. Decida "[ordenar] su camino" (Salmos 50:23), para que *"ninguna palabra corrompida salga de vuestra boca, sino la que sea buena para la necesaria edificación, a fin de dar gracia a los oyentes"* (Efesios 4:29).

Palabras de audaz autoridad venciendo el poder de Satanás. *"Y ellos le han vencido por medio de la sangre del Cordero y de la palabra del testimonio de ellos"* (Apocalipsis 12:11).

Palabras de confesión de la Palabra de Dios. La confesión siempre precede a la posesión. La palabra "confesar" significa "decir lo mismo". Ose decir exactamente lo que Dios dice en su Palabra. Póngase de acuerdo con Dios declarando su Palabra en cada circunstancia.

Cuando "ordenamos nuestro camino", Dios manifiesta los beneficios de su gran salvación. *"Pero con la boca se confiesa para salvación"* (Romanos 10:10). Y recuerde que, cuando confesamos para salvación, eso incluye sanidad, liberación y toda bendición espiritual y física provista para nosotros en la expiación de Cristo.

Como la confesión siempre precede a la posesión, así la mala confesión, o la confesión negativa, precede a la posesión de cosas negativas. Su lengua, usada erróneamente, puede causarle muchos problemas. *"El que guarda su boca y su lengua, su alma guarda de angustias"* (Proverbios 21:23). *"Te has enlazado con las palabras de tu boca, y has quedado preso en los dichos de tus labios"* (Proverbios 6:2). Rehúse declarar una confesión errónea.

Recuerde que sus palabras pueden obrar maravillas. Por lo tanto, declare palabras de alabanza, palabras de canto, palabras de fe en la Palabra de Dios, palabras de audaz autoridad expulsando el poder de Dios. Verdaderamente, las palabras son la "moneda del reino", ¡y usted puede declarar osadamente palabras que obrarán maravillas para usted!

EL SECRETO DEL ÉXITO

He estado intentando ayudar a un joven durante mucho tiempo, pero nunca había logrado que llegara al punto de hacer un compromiso incondicional de sí mismo, sus ambiciones y su futuro con el señorío de Jesús. Casi lo hacía.

Confesaba a Cristo como su Salvador, pero nunca llegaba hasta el final. Pero hoy lo vio. La penumbra y la indecisión se desvanecieron ante la brillante luz de un nuevo gozo. Estoy seguro de que el señorío de Jesús resuelve todos los problemas de la vida. Cuando realmente llegamos al punto en que ponemos la corona sobre la cabeza del hombre de Galilea y decimos: "Maestro, reina a partir de hoy", entonces podemos decir: "*Jehová es mi pastor; nada me faltará*" (Salmos 23:1). Qué bendición es esto. No le faltará dinero; no le faltará nada.

El Señor es mi Pastor, no puedo fallar. No solo puede decir: "*Nada me faltará*", sino que sabe que Él le ha bendecido con toda bendición espiritual en los lugares celestiales en Cristo; y toda bendición que pertenece al plan de redención automáticamente pasa a ser suya cuando confiesa su señorío.

El señorío de Cristo significa el señorío de la Palabra. Eso resuelve todo problema porque la Palabra cubre cada asunto de la vida. La Palabra es final para usted. "Mi Dios suplirá todas sus necesidades". (Véase Filipenses 4:19).

Usted deja de preocuparse. Ahora todo es agradecimiento. Ha salido del desierto, del temor y la esclavitud de los ayer y de los mañana. Él es ahora el protector de su vida. Si Él dice que Él es la fortaleza de su vida, entonces usted sabe que su cuerpo es fuerte como para hacer todo lo que Él quiera.

Ya no tiene temor. No temerá las enfermedades, o debilidades, o dolencias, o falta de capacidad, porque Él se ha convertido en su fortaleza. Él es su capacidad para cada emergencia. Qué carga se suelta del corazón cuando Jesucristo se convierte en su capacidad. Ahora usted puede decir: "Tengo capacidad para todo. Tengo fortaleza para hacer todo lo que Él desee".

"Todo lo puedo en Cristo que me fortalece" (Filipenses 4:13). Qué postura más valiente es esta. El señorío de Jesús significa el señorío del Amor. *"El amor de Dios ha sido derramado en nuestros corazones por el Espíritu Santo que nos fue dado"* (Romanos 5:5). La vieja amargura y dureza se van de la voz y de los ojos.

Usted camina en amor. Ya no tiene temor a ninguna tentación, a ninguna situación o a ninguna prueba, porque su Señor está a su lado. Eso significa que tiene un protector, un escudo. Ninguna enfermedad puede atenazar su cuerpo. Usted ha pasado de la realidad de la debilidad y el fracaso a la realidad de la fortaleza y la victoria.

Él se ha convertido en su Justicia, para que ahora usted y su Salvador puedan permanecer juntos ante el Padre sin temor. La oración se convierte en un gozo, porque Jesús es su Señor, y su Señor ha dicho: "Cualquier cosa que pidan al Padre en mi nombre, Él lo hará". (Véase Juan 14:13). Su Señor está cuidando de ese fin de su vida de oración. Él le representa en el trono. Él le sostiene. Él es su Intercesor. Él vive para hacer intercesión por usted. Si se mete en cualquier aprieto, Él es su Abogado, su justo Defensor.

¡Qué vida victoriosa sin temor le espera! Esta es la genialidad de la vida. Aquí está el secreto de todo: en cuanto Él se convierte en su Señor, usted se independiza de las circunstancias. ¿Recuerda lo independiente que Él fue cuando quiso reunirse con sus discípulos una noche y ellos estaban en medio una tormenta en el mar? Eso no le molestó. Él caminó y se reunió con ellos. Calmó el mar. Él era Señor; Él es Señor; ese es su Señor. Ese que alimentó a las multitudes, que sanó a los enfermos y resucitó a los muertos, es su Señor.

USTED ES HIJO DE DIOS

Los psicólogos llevan hablando mucho tiempo acerca del "complejo de inferioridad".

Como cristiano nacido de nuevo, usted está en Cristo y Cristo está en usted. La misma palabra "cristiano" significa que somos personas en las que "Cristo está". No somos "trabajadores cristianos". Somos "contenedores de Cristo".

No puede haber absolutamente nada inferior en usted porque no hay nada inferior en Cristo, y usted le contiene a Él. En sesenta y siete ocasiones distintas solamente en los escritos de Pablo, se nos dice que estamos *en Cristo* si hemos nacido de nuevo.

¿Cómo puede ser inferior cuando *"habéis muerto, y vuestra vida está escondida con Cristo en Dios"* (Colosenses 3:3)?

Si usted fuera el hijo de un rey, o la hija de un rey, ¿se sentiría inferior? ¡Sin embargo, usted es un hijo del Rey de reyes! ¿Cómo puede sentirse inferior cuando es la niña de los ojos de Dios, y Él creó todo lo que existe?

Quizá sienta que se ve insuficiente en algún área, y quizá, en lo natural, tenga razón. Pero la Palabra de Dios dice: *"Nuestra competencia proviene de Dios"* (2 Corintios 3:5). No tiene que preocuparse por lo que puede o no puede hacer, ¡porque Dios *en usted* lo puede todo!

El cristianismo es una manera de vivir del tipo "díganlo". Salmos 107:2 dice: ***"Díganlo* los redimidos de Jehová"**. Así es como usted se hizo cristiano por primera vez: *"Pero con la boca se confiesa para salvación"* (Romanos 10:10). Su boca confiesa *"para salvación"* no solo cuando nace de nuevo, sino también siempre que actúa según Marcos 11:23–24:

> *Porque de cierto os digo que cualquiera que dijere a este monte: Quítate y échate en el mar, y no dudare en su corazón, sino creyere que será hecho lo que dice, lo que diga le será hecho. Por tanto, os*

digo que todo lo que pidiereis orando, creed que lo recibiréis, y os vendrá.

No puede llegar usted más alto que su confesión. Una mala confesión le encarcelará; una confesión correcta le liberará.

¿Qué debemos decir? Una y otra vez, repito que deberíamos decir lo que Dios dice, porque la Palabra de Dios es verdad. No importa lo que nosotros pensamos, sentimos o vemos; lo que importa es lo que Dios nos ha dicho en su Palabra.

Joel 3:10 dice: *"Diga el débil: Fuerte soy"*. Por lo tanto, confiese que es fuerte, ya sea que sienta que es fuerte o no. Diga: "En obediencia a Joel 3:10, digo que soy fuerte".

¿Cuál es el área en la que el diablo intenta debilitarle? ¿Se siente derrotado? Diga: *"Mas a Dios gracias, el cual nos lleva siempre en triunfo en Cristo Jesús"* (2 Corintios 2:14). ¿Se siente pesaroso? Diga: *"Porque yo sé a quién he creído, y estoy seguro que es poderoso para guardar mi depósito para aquel día"* (2 Timoteo 1:12). ¿Siente que es tímido? Diga: *"Si Dios es por nosotros, ¿quién contra nosotros"?* (Romanos 8:31).

Cuando permite que Cristo viva su vida en usted, puede vencer su complejo de inferioridad gracias a una conciencia gozosa de que *"ya no vivo yo, mas vive Cristo en mí"* (Gálatas 2:20).

E. W. Kenyon

EL ÉXITO ESTÁ A SU ALCANCE

El éxito es algo que Dios creó, disponible para todos sus hijos. No hay necesidad de fracaso ni lugar para él en los propósitos de Dios. Hay fortaleza para su cuerpo físico y para su mente. Él es la fortaleza de su vida. Eso incluye al hombre en su totalidad: fuerza de voluntad, fuerza de mente, fuerza de cuerpo.

Usted no tiene derecho a ser un enclenque en presencia de Dios, quien le ha ofrecido su capacidad.

Y tal confianza tenemos mediante Cristo para con Dios; no que seamos competentes por nosotros mismos para pensar algo como de nosotros mismos, sino que nuestra competencia proviene de Dios.

(2 Corintios 3:4–5)

La competencia de Dios está disponible. No es algo que tenga que esperar a estar en el cielo para conseguirlo. No tiene que asistir a una escuela bíblica. La tiene justamente a su lado. La competencia de Dios está envuelta en Cristo, y usted tiene a Cristo.

Lo único necesario es que aproveche lo que tiene. Puede usted decir: "Padre, dependo de tu competencia en Cristo para enfrentarme a esta crisis ahora".

Jesús fue hecho por nosotros sabiduría de Dios. La sabiduría es el elemento más vital para cada uno de nosotros. Puede que gane grandes cantidades de conocimiento, pero si no tiene sabiduría, solo malgastará su conocimiento. Así como un hombre necio malgasta una fortuna que su padre hizo y le entregó, así puede usted despilfarrar el conocimiento que ha adquirido al vivir desenfrenadamente o malgastándolo.

Descubra para qué es usted bueno, y luego vaya en pos de ello y prepárese. Piense que va a ganar. Si quiere ser un ganador de almas, sea uno de los mejores que haya tenido el mundo. Si quiere ser constructor, carpintero, mecánico o maestro, llegue hasta la cima, porque Jesús es su competencia, su escalera para llegar a la eficacia más alta.

CÓMO DESHACERSE DE UN COMPLEJO DE INFERIORIDAD

Muchos cristianos están agarrotados en su servicio al Señor debido a un complejo de inferioridad. Sin embargo, usted puede vencer eso mediante la Palabra de Dios. Usted puede ser el edificador de su propia fe, porque la fe viene por el oír la Palabra de Dios. (Véase Romanos 10:17).

Usted es una nueva criatura en Cristo Jesús, lo que significa que en el momento en que recibió a Cristo como su Salvador y Señor personal, nació en la familia real de Dios. Usted es hijo de Dios. Él le ha creado de nuevo en Cristo Jesús. Él ha puesto nueva vida en usted. Ha nacido de lo alto, ha nacido del Espíritu.

Todo lo que Dios crea es bueno. Por lo tanto, no se desprestigie porque su vida está en Cristo. Él le creó, y usted es lo que Él ha hecho de usted: una nueva criatura. No se subestime, porque está en Cristo, y en Él ha recibido una nueva vida. La antigua vida se ha ido. Usted es un ciudadano de un nuevo reino. Su ciudadanía está en el cielo.

Fue creado por Dios y es su propia obra maestra. Él está trabajando ahora en usted para lograr su propósito. Le está edificando y fortaleciendo en la fe. ¿Cómo lo hace? Mediante su Palabra.

No solo es usted una nueva criatura en Cristo, sino que también ha sido justificado en Él. *"Al que no conoció pecado, por nosotros lo hizo pecado, para que nosotros fuésemos hechos justicia de Dios en él"* (2 Corintios 5:21). ¿Qué significa ser justo? Significa que posee la capacidad divina de estar en la santa presencia de Dios sin ningún sentido de indignidad. Significa que Dios le ha hecho justo con su propia justicia. Así que ahora que está completo en Cristo, puede ser libre de cualquier complejo de inferioridad que le haya podido tener cautivo.

Ha sido redimido del reino de las tinieblas y ha sido trasladado al reino del amado Hijo de Dios. Antes Satanás era su señor y amo. Entonces Jesús vino a su vida y le dio la vida de Él. Ahora está en el gran reino donde Él reina como Señor de Señores y Rey de reyes. Él le invita a unirse a Él y reinar con Él en vida.

Sí, ahora ha sido redimido, y el pecado no tiene dominio sobre usted. En el antiguo reino de las tinieblas, vivía bajo el azote de la enfermedad, el temor, la pobreza y el fracaso, pero ahora mediante la sangre de Jesús, ha sido liberado. Puede decir confiadamente: "Adiós enfermedad, adiós temor, adiós carencia, adiós debilidad. ¡Soy libre! Ahora vivo en un nuevo reino, el reino celestial, donde hay vida, luz, libertad, gozo, paz, salud, seguridad, bendición y poder. ¡Qué redención tengo! ¡Qué Redentor tengo!".

Usted es un heredero de Dios y coheredero con Jesucristo. Usted tiene una rica herencia y ha sido bendecido con toda bendición espiritual en los lugares celestiales en Cristo Jesús. El Padre le ama como amó al Señor Jesús. Él le ama con amor eterno. Está usted bendecido con lo mejor del cielo.

Jesús dijo: *"Yo soy la vid, vosotros los pámpanos"* (Juan 15:5). Así de cercano está unido a Él. Él es la vid viviente, y usted es una rama de esa vid. La misma vida, amor, gozo, paz, poder, sabiduría y capacidad que fluyen por la vid fluyen por las ramas. Dondequiera que vaya, haga lo que haga, la vida de la vid fluye a través de usted.

La vida de Dios está en su cuerpo mortal ahora mismo. No es solo para cuando vaya al cielo; es para el presente. Su espíritu ha sido tocado por el poder de Dios, vivificado en Él, y ahora vive y se mueve y tiene su ser en Cristo. (Véase Hechos 17:28). Usted tiene lo que Dios dice que tiene. Puede hacer lo que Dios dice que puede hacer. Usted es lo que Dios dice que es.

CUANDO LAS COSAS SE PONEN DIFÍCILES

Casi todas las personas pueden dirigir un barco cuando hace buen tiempo, pero la tormenta trae consigo la prueba. Cuando ese negocio muere en sus manos es cuando se necesita la fe para hacerle frente y encontrar dónde está la dificultad, y con un espíritu resuelto, corregir los abusos y llevarlo a la victoria. Cuando se queda sin un sueldo y todo el dinero se ha ido, lo que realmente cuenta es hacer frente a la vida y vencer. El espíritu que gana es el que recuerda que edificó ese negocio con palabras y recuerda la vibrante emoción que acompañaba a esa creación. Él recuerda que podía emocionar a los hombres y hacerles llevar a cabo lo que quería que hicieran. La edad avanzada no puede robarle eso. Lo único que necesita son esas palabras vibrantes de victoria.

"Pero", dirá usted, "cuando declaro esas palabras, hay algo dentro de mí que las contradice".

Bueno, vaya a su interior y saque eso de usted. Es posible hacerlo.

Verá, hay momentos en los que debe acudir al Padre con decisión, abrirle su corazón, dejar ese asunto delante de Él y decir: "Ahora, Padre, esta es mi situación. Quiero que te levantes en mí para que mi vida llegue al nivel de tu Palabra, para que ningún tiempo difícil ni catástrofe pueda moverme, y para que haga frente a todo como un vencedor. Cuando todo a mi alrededor me grita: "Agotado", sabré que soy un vencedor.

"No perderé mi cabeza, ni mi corazón, ni mi fe". Beba su copa de angustia, pero bébala en silencio. Está experimentando la vida tal y como es, pero lo está haciendo con Dios. Le está haciendo frente con el Omnipotente. Mayor es el que está en usted que cualquier fuerza que pueda venir contra usted. (Véase 1 Juan 4:4). Usted es un vencedor. No está apaleado. La lucha no ha terminado aún. Se sienta y guarda profundo silencio. Recuerda que Dios está en usted. Recuerda que está en Cristo, y que todo el que está en Cristo es un vencedor. Considera las circunstancias que le rodean como los proyectiles y las bombas que destruyeron Shangai, pero el espíritu de Shangai no está destruido. Ha vuelto a reedificar la ciudad. El espíritu que está en usted no está machacado. Edificará la casa de nuevo. Edificará su lugar en la vida de nuevo. Ellos no pueden vencerle. Usted nunca piense en la derrota como algo conectado a su vida, porque su vida está escondida con Cristo en Dios, donde solo habita la victoria.

VENZA LA TRISTEZA

Hay varios grados de depresión, variando desde un caso leve de "tristeza" a casos graves que requieren un tratamiento psicológico. Cualquiera que haya sufrido alguna vez de depresión puede testificar de su fuerza destructiva.

Para lidiar con algo, primero debe reconocer su origen. Satanás es el autor de la depresión. Es una de sus herramientas favoritas para devastar las mentes de hombres y mujeres hoy día.

Espíritus malignos como la depresión intentan oprimirle para romper y aplastar su espíritu. Ellos acosan su mente con temor, duda e incertidumbre. Son la causa de la frustración y pueden destruir su salud, su paz mental e incluso la armonía de su hogar, si no ejerce dominio sobre ellos.

Ya hemos visto que la Biblia nos manda: *"Resistid al diablo, y huirá de vosotros"* (Santiago 4:7). Rehúse ser el vertedero de Satanás para el desequilibrio mental, trastornos nerviosos o espíritus de tristeza, pesadez y depresión. En cambio, estudie Mateo 4:1–11 para ver cómo Jesús usó la Palabra de Dios contra el diablo. Usted puede hacer lo mismo.

Para lidiar con la depresión, o cualquier cosa que venga del diablo, cite con valentía la Palabra de Dios contra él, como hizo Jesús. La Palabra es el arma más eficaz del cristiano contra el enemigo, *"porque las armas de nuestra milicia no son carnales, sino poderosas en Dios para la destrucción de fortalezas"* (2 Corintios 10:4).

Conozca sus derechos. Usted es un vencedor. Puede derrotar todas las obras de Satanás: *"Y ellos le han vencido [a Satanás] por medio de la sangre del Cordero y de la palabra del testimonio de ellos"* (Apocalipsis 12:11).

Como cristianos, estamos en una guerra espiritual muy real con las fuerzas del mal. Lea Efesios 6:10-18 para ver qué armas puede usar para luchar contra Satanás.

Jesucristo le ha dado poder y autoridad sobre toda fuerza del diablo: "*Y estas señales seguirán a los que creen: En mi nombre echarán fuera demonios*" (Marcos 16:17).

El nombre de Jesús le pertenece. ¡Atrévase a usarlo! Invoque el poder que hay en ese nombre.

Defienda su territorio sin temor. Los espíritus malvados de depresión saben que deben someterse a ese "*nombre que es sobre todo nombre, para que en el nombre de Jesús se doble toda rodilla de los que están en los cielos, y en la tierra, y debajo de la tierra*" (Filipenses 2:9–10).

Reclame el poder de la unción de Dios para dispersar el espíritu de tristeza de Satanás. "*Y el yugo se pudrirá a causa de la unción*" (Isaías 10:27). ¿Cuál es la unción? Es esa fuerza interior sobrenatural, llena de energía, que hace que la vida llena del Espíritu sea contundente, eficaz y productiva en el servicio cristiano. ¿Cómo la consigue? "*Pero la unción que vosotros recibisteis de él permanece en vosotros*" (1 Juan 2:27). Si usted es cristiano, la unción habita en usted.

Jesús fue el Ungido mientras caminaba sobre esta tierra.

El Espíritu del Señor está sobre mí, por cuanto me ha ungido para dar buenas nuevas a los pobres; me ha enviado a sanar a los quebrantados de corazón; a pregonar libertad a los cautivos, y vista a los ciegos; a poner en libertad a los oprimidos; a predicar el año agradable del Señor. (Lucas 4:18–19)

Todos los milagros que Jesús realizó mientras estuvo aquí en la tierra los hizo mediante el poder de su unción. "*Dios ungió con el Espíritu Santo y con poder a Jesús de Nazaret, y cómo éste anduvo haciendo bienes y sanando a todos los oprimidos por el diablo, porque Dios estaba con él*" (Hechos 10:38).

La unción es la cualidad que nos hace dinámicos para el Señor. Nos permite ver resultados como los de Cristo en nuestra vida. Nos da autoridad para hablar en el nombre de Jesús contra los poderes satánicos: todo poder satánico, no solo los poderes que causan depresión.

Salmos 92:10 dice: "*Seré ungido con aceite fresco*". La unción del Espíritu Santo se asemeja en las Escrituras con el aceite. El aceite es un tipo, o "palabra mental", del Espíritu Santo. El día de Pentecostés, los discípulos fueron todos llenos con el Espíritu Santo. (Véase Hechos 2:4). Después, estos mismos discípulos volvieron a ser llenos del

Espíritu Santo. (Véase Hechos 4:29–31). Como los discípulos, nosotros también necesitamos la unción fresca y llenuras del Espíritu Santo.

Judas 1:20 dice: *"Pero vosotros, amados, edificándoos sobre vuestra santísima fe, orando en el Espíritu Santo".* La oración ferviente y ungida en el Espíritu Santo edifica nuestra fe.

"Pero vosotros tenéis la unción del Santo" (1 Juan 2:20). Deberíamos nutrir esta unción, esta unción que habita dentro de nosotros, y rendirnos diariamente al Espíritu Santo para que nos imparta aceite fresco.

¿Cómo lidia usted con la depresión? ¡Es la unción lo que rompe el yugo! Podemos mantener la unción y vencer la depresión mediante una vida llena de comunión con el Señor.

RESPONSABILIDAD PERSONAL

Para el cristiano, la responsabilidad es su respuesta a la capacidad de Dios. Romanos 14:7 dice: *"Porque ninguno de nosotros vive para sí, y ninguno muere para sí"*.

La sociedad humana está tan constituida que nuestras vidas están inconscientemente entretejidas. Cuanto más egoísta es un hombre o una mujer, más infeliz es. Cuando más dedica su vida a otros, más rico se vuelve, y su vida se encuentra más llena. La felicidad nunca se obtiene ganando, sino dando. *"Porque de tal manera amó Dios al mundo que ha dado"* (Juan 3:16). Él es el primer ejemplo de entrega. La gran vida es la vida que da; cuanto más sean sus empatías, más rica será su vida. Y estamos de modo consciente o inconsciente cambiando de opinión sobre nosotros mismos; cuanto más fuerte es nuestra personalidad, mucho mayor es nuestra influencia.

Las grandes fuerzas del mundo son espirituales y se expresan mediante nuestra conducta.

Estamos vinculados

Usted no se morirá sin que su vida afecte a la de otra persona. Dios nunca pretendió que viviéramos solos nuestra vida. Su sueño era que no viviéramos solos. Su sueño era que estuviéramos tan entrelazados el uno en el otro que todos creciéramos juntos. El plan era que todos ministremos. Usted hace su parte, y yo hago la mía; juntos, servimos y estamos unidos en el cuerpo del Señor.

Es como en el oratorio, el himno, donde cada uno hace su parte; o como en el cuarteto con su soprano, alto, tenor y bajo, que juntos forman un conjunto armonioso.

Obra personal

Jesús le dijo a Pedro: "Te haré pescador de hombres". (Véase Mateo 4:19). En esa expresión, determina cómo se propagará el evangelio. Va a ser mediante contacto personal; va a ser con individuos. El ideal de

Jesús era interaccionar con uno o dos, como hizo con la mujer en el pozo, o con Nicodemo. Solo unos pocos pueden hacer la obra de masas: Whitefield, Moody o Sunday; pero la obra individual, todos podemos hacerla. Cualquiera que pueda hablar o escribir una carta puede llevar a personas a Cristo. Nuestra responsabilidad se mide por nuestra capacidad.

En la iglesia primitiva no había departamento de propaganda ni periódicos. Estaban tan emocionados con el mensaje que sencillamente tenían que entregárselo a otros.

La ley que gobierna la obra personal es realmente la ley del amor, que se encuentra en 1 Corintios 6:19–20: *"No sois vuestros... Porque habéis sido comprados por precio"*. Somos suyos; Él tiene derecho a usarnos como quiera. En el momento en que usted nace de nuevo, se convierte en su propiedad redimida; y el Amor, quien nos compró, tiene derecho a pedir nuestro amor a cambio. Además, Jesús tiene una gran misión en el mundo hoy: la salvación de los hombres. Si hemos sido comprados por precio y le pertenecemos, entonces Él tiene derecho a dirigir nuestras actividades y dictar el programa de nuestra vida. Somos sus representantes. A nuestro alrededor hay hombres y mujeres que necesitan a Cristo; la oportunidad de ganar hombres para Cristo nos rodea por todas partes. Y no hay nada que produzca tales dividendos de gozo como llevar a hombres a Cristo. *"El fruto del justo es árbol de vida; y el que gana almas es sabio"* (Proverbios 11:30). Esta es la obra que Cristo vino a hacer. Él derramó su vida para que hombres pudieran ser salvos, y usted debe ser manos, pies y corazón para representarle en el mundo.

Felipe dijo: *"Señor, muéstranos al Padre, y nos basta"* (Juan 14:8). Y Jesús dijo: *"¿Tanto tiempo hace que estoy con vosotros, y no me has conocido, Felipe? El que me ha visto a mí, ha visto al Padre"* (Juan 14:9). Cuando vi esto por primera vez, mi corazón clamó: "Oh, quiero vivir de tal manera que los que me vean, vean a Jesús".

El Dr. A. T. Pearson dijo de George Müller: "El sueño y la ambición de George Müller era conocer a Dios y darle a conocer".

Respondamos a su capacidad dentro de nosotros, para que Él pueda ser dado a conocer a través de nosotros.

EL DON DEL SUEÑO

Padece usted de insomnio? ¿Se pasa largos ratos tumbado, despierto e inquieto parte de la noche, todas las noches? En millones de camas, hay una batalla nocturna. Es el poder de Dios contra el poder de Satanás. Como Dios es el autor del sueño, un don bueno y necesario, entonces Satanás es el autor del insomnio. Satanás intenta robarle su sueño, mermando así su salud, paz y bienestar. La falta de sueño produce trastornos nerviosos, depresión, estrés y muchos tipos de enfermedades.

Si usted sufre de insomnio, hay una promesa para usted en la Palabra de Dios: *"Pues que a su amado dará Dios el sueño"* (Salmos 127:2).

Por lo tanto, tiene una cura segura para el insomnio: puede repeler a Satanás y al insomnio como Jesús derrotó al diablo, declarando: *"Escrito está"*.

Quédese dormido no contando ovejas, sino citando la maravillosa Palabra de Dios.

Diga: "Diablo, ESCRITO ESTÁ que a su amado dará Dios el sueño, según Salmos 127:2".

Diga: "Diablo, ESCRITO ESTÁ que en paz me acostaré, y asimismo dormiré, porque el Señor me hace vivir confiado según Salmos 4:8".

Diga: "Diablo, ESCRITO ESTÁ que cuando me acueste no tendré temor, sino que me acostaré y mi sueño será grato, según Proverbios 3:24".

La paz es un requisito previo para dormir. Antes de acostarse por la noche, mediante oración y alabanza, elimine de su mente toda ansiedad, rencor, resentimiento, fracaso y decepción.

Por nada estéis afanosos, sino sean conocidas vuestras peticiones delante de Dios en toda oración y ruego, con acción de gracias. Y la paz de Dios, que sobrepasa todo entendimiento, guardará

vuestros corazones y vuestros pensamientos en Cristo Jesús.
(Filipenses 4:6–7)

Al echar sobre Él sus afanes, encontrará paz. Entonces verá que es fácil irse a dormir, libre de temor y ansiedad en el conocimiento de que Dios está cuidando de usted y de todo lo que tiene que ver con usted.

APROVECHE SUS OPORTUNIDADES

Ningún hombre puede conseguir nada que merezca la pena sin sacrificio. Hemos oído decir: "El mundo me debe una vida". El mundo no debe nada a nadie. Nosotros debemos todo lo que somos, todo lo que podamos llegar a ser; le debemos al pasado una deuda que nunca podremos pagar. Le debemos al futuro todo lo que el pasado nos ha hecho ser y todo lo que el presente puede desarrollar en nosotros.

Recuerde que usted paga por todo lo que merece la pena en la vida. No consigue nada que merezca la pena sin sudor y lágrimas. A pocos les ha caído el éxito de la nada. Para la mayoría llega mediante el trabajo diligente, la intensa dedicación y la abnegación. El secreto es ser capaz de ver las oportunidades y apropiárselas.

El Sr. Woolworth vio una oportunidad en el barato mundo del marketing. Otros se reían de ello, pero dejó sesenta millones de dólares detrás de él. Henry Ford vio que Estados Unidos necesitaba un automóvil barato. Aprovechó la oportunidad y se convirtió en uno de los hombres más importantes de su era. Todos los grandes éxitos del mundo mercantil y mecánico los han ganado hombres que han tenido un sueño y luego han traducido ese sueño en dólares y empresas. Hay tantas buenas oportunidades ahora como ha habido siempre, pero la única diferencia es que pocos tienen sus ojos abiertos.

Escuché a un joven decir el otro día: "De qué sirve, obtendré una pensión de jubilación cuando la necesite". Creo en las pensiones de jubilación, pero sé que la gran mayoría de las personas vagarán por la vida para conseguir algo por nada al final de la misma.

El secreto del éxito es poder abrir sus ojos a las oportunidades.

En la mecánica, hay miles de oportunidades surgiendo hoy. En química, las mayores oportunidades que jamás se le ofrecieron a la raza humana nos esperan. En el mundo de la política y la educación, hay otras oportunidades alzando sus manos hacia la próxima generación.

Cada área está esperando pioneros.

UNA ACTITUD DE AGRADECIMIENTO

La Biblia enseña claramente que los hijos de Dios deben tener un corazón agradecido, que es una actitud de gratitud. *"Bendice, alma mía, a Jehová, y no olvides ninguno de sus beneficios"* (Salmos 103:2). El Nuevo Testamento ordena: *"Y sed agradecidos"* (Colosenses 3:15). La palabra *agradecido* significa "lleno de gracias". Deberíamos hacer un hábito en nuestras vidas el elevar nuestras voces a diario dando gracias a Dios por sus abundantes bendiciones, y también expresar nuestra apreciación a otros.

Colosenses 2:6–7 declara que cuando verdaderamente estamos arraigados y edificados en Cristo y establecidos en la fe, estaremos *"abundando en acciones de gracias"*. Si nuestras vidas en Cristo son sólidas y nuestra fe eficaz, sin duda "rebosaremos" de agradecimiento.

Las Escrituras nos advierten de la consecuencia de perder la actitud de gratitud. *"Pues habiendo conocido a Dios, no le glorificaron como a Dios, **ni le dieron gracias**, sino que se envanecieron en sus razonamientos, y su necio corazón fue entenebrecido"* (Romanos 1:21). La ingratitud extingue la luz de Dios en el corazón. Es la marca de un corazón necio y endurecido.

Una señal prominente de los últimos días es el espíritu de ingratitud. *"También debes saber esto: que en los postreros días vendrán tiempos peligrosos. Porque habrá hombres amadores de sí mismos, avaros, vanagloriosos, soberbios, blasfemos, desobedientes a los padres, ingratos, impíos"* (2 Timoteo 3:1–2). Los que no son agradecidos están cumpliendo la profecía bíblica.

Lucas 17 nos habla de la ingratitud de nueve de los diez leprosos a los que Jesús sanó.

Yendo Jesús a Jerusalén, pasaba entre Samaria y Galilea. Y al entrar en una aldea, le salieron al encuentro diez hombres leprosos, los cuales se pararon de lejos y alzaron la voz, diciendo: ¡Jesús, Maestro, ten misericordia de nosotros! Cuando él los vio, les dijo:

Id, mostraos a los sacerdotes. Y aconteció que mientras iban, fueron limpiados. Entonces uno de ellos, viendo que había sido sanado, volvió, glorificando a Dios a gran voz, y se postró rostro en tierra a sus pies, dándole gracias; y éste era samaritano. Respondiendo Jesús, dijo: ¿No son diez los que fueron limpiados? Y los nueve, ¿dónde están? ¿No hubo quien volviese y diese gloria a Dios sino este extranjero? Y le dijo: Levántate, vete; tu fe te ha salvado.

(Lucas 17:11–19)

Esto se produce muy a menudo: diez son sanados o bendecidos de alguna manera poderosa, y solo uno regresa a Dios y le da la alabanza y la gloria que merece su nombre. ¡Aprenda a bendecir a Dios por las cosas grandes y poderosas que ha hecho alabándole todos los días!

La fuente de muchos de nuestros problemas es nuestra lengua. Dios ha establecido una cura para los "problemas de la lengua", y es usar nuestra lengua en alabanza al Señor. David dijo: *"Bendeciré a Jehová en todo tiempo; su alabanza estará de continuo en mi boca"* (Salmos 34:1). David había aprendido el secreto de la victoria sobre su lengua: mantenerla ocupada alabando a Dios.

Dar gracias puede ser más que una expresión de gratitud. Puede ser el victorioso cumplimiento de las promesas de Dios. A veces, pueden parecer demasiado buenas para ser ciertas. ¿O podría ser que no estamos seguros de que Dios nos esté sinceramente ofreciendo algo?

Dios no es un hombre para que mienta. En Cristo, las promesas de Dios son "sí" y "amén". (Véase 2 Corintios 1:20). Dios no es ningún tacaño. *"El que no escatimó ni a su propio Hijo, sino que lo entregó por todos nosotros, ¿cómo no nos dará también con él todas las cosas?"* (Romanos 8:32).

Sí, *"todo es vuestro"* (1 Corintios 3:21). Pero una cosa es tener el título solamente y otra cosa es reclamar la posesión. Para recibir un regalo solo hay que tomarlo del dador y cerrar la transacción con la palabra: "Gracias".

¿No está usted seguro de la salvación de su alma? Entonces crea la Palabra de Dios y diga: "Gracias, Señor, por darme vida eterna a través de tu Hijo. Tomo su fiable oferta de que *'todo aquel que en él cree, no se pierda, mas tenga vida eterna'* (Juan 3:16)".

¿Está usted cargado con problemas o una falta de paz? Apropíese de su gracia que es más que suficiente, la cual ha prometido en

2 Corintios 12:9, y diga: "Gracias, Señor, porque tu gracia es suficiente para mí. Echo mi afán sobre ti. Te doy gracias por el descanso que ofreces a los que acuden a ti según Mateo 11:28: *'Venid a mí todos los que estáis trabajados y cargados, y yo os haré descansar'*".

¿Necesita sanidad su cuerpo? Por fe, dele gracias por su gracia y su poder sanador, y diga: "Señor, te doy gracias porque *'Jesucristo es el mismo ayer, y hoy, y por los siglos'* (Hebreos 13:8)". Estará demostrando su fe mediante su ofrenda de agradecimiento.

Tenga una actitud de gratitud, y siempre *"alabadle, bendecid su nombre"* (Salmos 100:4).

¿CUÁL ES SU VALÍA?

¿Qué valor se otorga a usted mismo, a su tiempo? Su valía a sus propios ojos es lo que podrá demandar en el mercado. En su corazón, secretamente sabe si es usted veraz, o si se pueden fiar de usted, o si vale la pena. Si aparenta o finge, eso es lo que usted es. Ese es su valor. Hasta que usted no reconozca, en su propio corazón, su honestidad y valía, nunca llegará al nivel donde pueda producir obras maravillosas.

¿Cuánto vale su palabra? ¿Alguna vez le ha puesto precio? ¿Pueden confiar absolutamente en su palabra los que se asocian con usted y dependen de usted? Realmente, ¿alguna vez se ha puesto precio?

Usted es demasiado valioso como para canjearse por un poco de placer o un frívolo sinsentido. Usted tiene más valía este año que nunca antes. Usted vale más de lo que cree, más para usted mismo, más para su familia, más para el futuro, más para la firma para la que trabaja.

No permita que pase ningún mes sin mejorarse. Ponga la automejora en primer lugar. Haga inventario. Vea lo que tiene que merece la pena, qué habilidades tiene, qué talentos tiene, y si están aumentando su valor. Encuentre su nicho de mercado; vea cuál es su lugar de pertenencia. Descubra para qué está hecho y luego vaya tras ello y conquístelo.

Don Gossett

VIVIR EN UN NIVEL MÁS ALTO

Pase a vivir a un nivel más alto en el reino de Dios. Crea que usted es lo que Dios dice que es. Piense así. Hable así. Actúe así. Entrénese para vivir en el nivel de lo que está escrito en la Palabra de Dios acerca de usted.

No permita que sus pensamientos, sus palabras o sus acciones contradigan lo que Dios dice acerca de usted.

Aunque quizá no domine el secreto de la confesión positiva de la Palabra de Dios en un día, o incluso en una semana, lo *aprenderá* mientras continúa caminando en ello fielmente.

Jesús nos ordenó: *"Tened fe en Dios"* (Marcos 11:22), o *"Tened el tipo de fe de Dios"*. Después se nos dice que *"la fe es por el oír, y el oír, por la palabra de Dios"* (Romanos 10:17). Después de oír la Palabra, esta comienza a poseer su *corazón* y su *boca*, como dice Pablo: *"Mas ¿qué dice? Cerca de ti está la palabra, en tu boca y en tu corazón"* (Romanos 10:8).

Cuando un pecador se convierte, primero *cree* en el Señor Jesucristo y en que Dios le resucitó de la muerte; entonces su *confesión* es para salvación. (Véase Romanos 10:10).

Dios cumple todas sus promesas del mismo modo.

Primero: Usted oye la promesa, y eso crea fe.

Segundo: Usted cree esa promesa.

Tercero: Usted confiesa esa promesa; la pronuncia; su desbordante corazón confiesa la Palabra de promesa en alegría y seguridad.

Cuarto: Usted actúa en consonancia, y Dios se deleita en cumplirla.

Así que medite en la Palabra de Dios y todo lo que esta tiene que decir para cada aspecto de su vida. A medida que la Palabra se convierta en parte de su corazón, le liberará del temor y la ansiedad, y le animará a vivir osadamente según la Biblia. Entonces la abundancia de su corazón suplirá las palabras de su boca automáticamente. Su confesión es realmente un desbordar natural de lo que brota de lo más hondo de su ser... su corazón.

Ahora, con la verdad de la Palabra de Dios en lo más hondo de su corazón y brotando de sus labios, puede descubrir libremente por usted mismo ¡la maravilla de sus propias palabras osadas!

E. W. Kenyon

PERSISTENCIA

Lo que necesitamos hoy en cada área de la vida es una voluntad inquebrantable, un propósito que supere cualquier oposición. Estamos buscando a alguien invencible, que no conozca la derrota y que, a pesar de sus circunstancias, se proponga vencer. Necesitamos a alguien cuya voluntad de tener éxito gobierne su vida. Un hombre así es el socio del éxito, un compañero del vencedor. Empareja su imaginación con la victoria. Vive con los grandes, los vencedores de todas las épocas. Se nutre de todo lo que le hace vencer. Elimina sus debilidades. Se atreve a hacerse frente a sí mismo y a poner su mano sobre todo lo que obstruye el progreso. Se somete voluntariamente a una rígida disciplina y se mantiene firme en la batalla.

Uno puede nutrirse de las cosas que aseguran el éxito. Se necesita persistencia, no despegarse de ella, ese espíritu de "no me rendiré" que no teme a la abnegación y que no le tiene temor a vestir ropa antigua. Aquel que es persistente no se avergüenza de la pobreza material o espiritual.

RECUERDE QUIÉN ES USTED

Cuenta la historia que el rey Ricardo Corazón de León tuvo tanto éxito defendiendo Inglaterra que su record era de continuas victorias. Una vez, no obstante, fue superado en la batalla, cuando unos ejércitos combinados de otras potencias europeas se juntaron contra él.

El rey Ricardo Corazón de León tenía un siervo muy leal y fiel que siempre cabalgaba a su lado en la batalla y estaba emocionado por las grandes hazañas de su rey por sus continuas conquistas.

En esta batalla en particular contra los ejércitos combinados, las probabilidades eran tan escasas que, por primera vez en su brillante carrera, el rey Ricardo Corazón de León llamó a la retirada. Este panorama fue muy desolador para el fiel siervo de Ricardo, al ver a su propio rey noble y valiente dirigir una retirada.

Mientras el siervo cabalgaba con el rey Ricardo, recordaba batalla tras batalla donde el rey había liderado tan valerosamente al ejército inglés para conseguir victorias sorprendentes. Ahora era una derrota triste, deprimente, frustrante.

Pensar que el rey Ricardo Corazón de León estaba siendo derrotado era más de lo que el fiel siervo podía soportar, así que, cuenta la historia, el siervo cabalgó rápidamente hasta donde estaba el rey y gritó en su oído: "Rey Ricardo, ¡recuerde *quién es usted*!".

Estas palabras penetraron en el corazón del rey, y de repente dio la orden a su cornetín de hacer sonar un alto a la retirada. Entonces en un momento de atrevida estrategia, se dio la orden de "avanzar y vencer".

Según la historia, esta fue la experiencia que hizo retroceder a los ejércitos combinados ese día en que el rey Ricardo Corazón de León de repente se vio obligado a recordar quién era: un poderoso conquistador, un rey que nunca había conocido o aceptado la derrota. Este es el secreto de vivir valientemente según la Biblia: *¡Recuerde quién es usted!* Aprenda a respetar lo que Dios ha puesto dentro de usted. Lea la Biblia y aprenda quién es usted en Cristo.

DOMÍNESE

Aquel que se gobierne a sí mismo será amo de sus circunstancias. El dominio propio nos hace aptos para el liderazgo. Aquel que no puede gobernar su propia lengua y temperamento es un líder inseguro. El primer paso para construir el liderazgo es ponerse uno mismo bajo una estricta disciplina. Si es necesario que otro le discipline, y usted quebrantaría la ley si no fuera por temor a ser arrestado, aún no está listo para el liderazgo.

Fuércese a estar en consonancia con su sano juicio. Decida estudiar, dominar cada tema que emprenda. Cultive hábitos de rigurosidad. No se permita el lujo de ser descuidado. Si es mentalmente descuidado, perjudica su futuro. Sea diligente; esté a tiempo. No necesitará ningún amo cuando usted sea su propio amo. Gobierne cada dificultad. Hágalas trabajar. Construya un fuerte yo. De este yo saldrá la fortaleza, lealtad a buenos ideales y ayuda. Domine su temperamento. Controle su lengua. Reine en sus conversaciones. Domínese.

"Sea cortés"

La cortesía ha abierto más puertas que una gran habilidad. No es necesario una educación sino un corazón honesto que ama servir. Esa buena cortesía de siempre no ha muerto del todo. La crema de la ternura humana sigue siendo dulce y agradable. Planifique dar más de lo que se espera de usted. Aprenda maneras bonitas de hacer cosas comunes. Vístase con sus mejores modales cuando se despierte por la mañana, y llévelos puestos durante todo el día. Practíquelos en su propio hogar para que sean perfectos cuando salga al mundo laboral. Pequeños ramilletes de palabras tiernas darán luz a la habitación y abrirán puertas para usted donde nunca había soñado. Es tan fácil decir cosas bonitas con un espíritu amable como decir cosas malas y desagradables. Ponga lo mejor de usted en sus palabras.

Deje lo mejor de usted resonando en las mentes de quienes le oyen. La cortesía muestra calidad de corazón. Sus contactos labran o truncan su futuro. Ha abierto puertas para muchos que llevan al éxito. Le llevará a la cima de la colina. No importa lo eficaz que usted sea, si no tiene cortesía y un interés genuino en otros, está discapacitado.

Puede cultivar la cortesía como cultiva el español. Sea considerado con los ancianos y los débiles. Nunca se ría de las excentricidades de la gente. Ayude. Esto le abrirá puertas y corazones. Forme el hábito de hacer esto en su propio hogar, y entonces será fácil para usted cuando salga de su casa. Hágalo parte de su programa. Estudie el fino arte de la amabilidad. Estudie la cortesía como estudiaría matemáticas. Dedíquese a ello con su mejor finura y le aportará dividendos durante toda su vida.

NUESTRA IDENTIDAD EN CRISTO

¿Quiénes somos en Cristo?

Uno de mis dichos favoritos es este: "Cuando usted nació de nuevo, no nació para ser derrotado; nació para vencer". Creo en Romanos 8:37, que nos dice: "*Antes, en todas estas cosas somos más que vencedores por medio de aquel que nos amó*".

¡Somos más que vencedores! Somos hijos de Dios, queridos para Él, y coherederos con Cristo. ¡Tenemos grandes riquezas en Jesús! Somos herederos de todas las cosas. Somos quienes Dios nos hizo ser. Somos un pámpano de la Vid viviente, porque Jesús dijo: "*Yo soy la vid, vosotros los pámpanos*" (Juan 15:5). Somos el templo del Dios vivo, porque la Biblia dice: "*Porque vosotros sois el templo del Dios viviente, como Dios dijo: Habitaré y andaré entre ellos, y seré su Dios, y ellos serán mi pueblo*" (2 Corintios 6:16).

¿Qué podemos hacer en Cristo?

Todo lo podemos, cualquier cosa que haya que hacer. El Señor nos dio la capacidad de hacer todo lo que Él nos ordena, para que podamos decir con Pablo: "*Todo lo puedo en Cristo que me fortalece*" (Filipenses 4:13).

¿Qué tenemos en Cristo?

Tenemos vida, tenemos luz, tenemos poder, tenemos paz, tenemos provisión para nuestras necesidades, tenemos todo lo tocante a la vida y la bondad. (Véase 2 Pedro 1:3). Sí, ser cristiano es más que ser un pecador perdonado. Somos herederos de Dios y coherederos juntamente con Cristo Jesús; estamos ligados a Dios por el nuevo nacimiento, y somos partícipes de su misma naturaleza. No es de extrañar que podamos cantar y gritar y estar alegres hoy, ¡cuando sabemos lo que significa realmente ser un hijo de Dios!

Simplemente recuerde quién es usted cuando se encuentre en medio de sus batallas. No acepte la derrota. La derrota puede llegar y mirarle fijamente a los ojos. ¡Rehúse aceptarla! Haga sonar con valentía un alto a su retirada. Haga sonar el nuevo toque de avance y victoria. ¡Sí, usted es un vencedor por medio de Cristo que mora en su vida!

E. W. Kenyon

PODER DE LA ORACIÓN

Un extraño elemento acerca de esta vida de oración es que llega a las partes más lejanas de la tierra. Cuando oro por un hombre en Londres o en África, mi espíritu puede enviarle a través del Padre la bendición que necesita hoy.

El fallo de toda iniciativa cristiana es un fallo en la oración. Una iglesia es tan poderosa como su vida de oración. El hábito de la oración nacerá de su propia voluntad. Cuando más éxito tiene es cuando surge de la abnegación. La oración es el reconocimiento del señorío de Dios, abandonar muchas cosas que no son malas en sí mismas, pero que obstruyen y consumen nuestro tiempo.

La oración es acudir a Dios con las necesidades de un hombre, con su promesa de suplir esas necesidades. Y solo la oración da el éxito. La incredulidad no puede orar, solo puede pronunciar palabras.

El privilegio en la oración significa responsabilidad en la oración.

Tener una vida de oración no significa pasar horas orando sino horas de estudio y meditación en la Palabra, hasta que la vida literalmente sea absorbida en la Palabra y la Palabra se convierta en parte de nosotros. Es simplemente la voz de fe para el Padre.

SEGURIDAD ECONÓMICA

La seguridad y el éxito económico se producen ciertamente cuando usted se aferra a la promesa de Dios de suplir todas sus necesidades. (Véase Filipenses 4:19). Que su confesión sea:

+ No importa cuántas facturas sin pagar tenga, *mi Dios suplirá todas mis necesidades.*

+ Independientemente de la situación de la economía, *mi Dios suplirá todas mis necesidades.*

+ Independientemente del tamaño de mi cuenta bancaria, *mi Dios suplirá todas mis necesidades.*

+ Cuando el fracaso económico me mire a la cara, *mi Dios suplirá todas mis necesidades.*

+ Independientemente de la apretada situación monetaria, *mi Dios suplirá todas mis necesidades.*

+ A pesar de los fracasos económicos del pasado, *mi Dios suplirá todas mis necesidades.*

+ Cuando parezca que todo sale mal, *mi Dios suplirá todas mis necesidades.*

+ Cuando parezca que todo sale bien, *mi Dios suplirá todas mis necesidades.*

+ Dondequiera que esté, *mi Dios suplirá todas mis necesidades.*

Don Gossett

FE PARA LA ECONOMÍA FAMILIAR

Una carta abierta para padres y quienes son el sostén de familia:

Querido padre:

Como padre y sostén de mi familia, sé cómo responde su espíritu honesto a las desafiantes palabras de 1 Timoteo 5:8: *"Porque si alguno no provee para los suyos, y mayormente para los de su casa, ha negado la fe, y es peor que un incrédulo".*

Durante los primeros 11 años que fui el sostén de la familia de Don Gossett, sufrí dificultades y problemas económicos continuamente. El convertirme en el orgulloso y feliz padre de cinco hijos con 28 años agravó mis problemas, por supuesto, ya que había incesantes demandas económicas. La incapacidad de cumplir con mis compromisos a tiempo me produjo vergüenza en muchas ocasiones. Esos gastos inesperados etiquetados de emergencia drenaron mis recursos y me pusieron contra la pared.

En octubre de 1961 vivíamos en la hermosa isla de Victoria, British Columbia. Nuestra situación económica era muy deplorable, y fue una experiencia desagradable.

Entonces ocurrió algo ese mes que cambió nuestra imagen acerca de los asuntos económicos. Lo que ocurrió es que después de 11 años de derrotas y casi llegar a la desesperación, Dios nos ha ministrado a nosotros y a través de nosotros para suplir cada necesidad, ¡durante los últimos 42 años!

Fue una reunión de oración que duró toda una noche lo que cambió las cosas para nosotros. Joyce y yo derramamos nuestro corazón ante Dios. Quizá nunca olvidaré las oraciones de mi esposa esa noche. Nunca había oído hablar a nadie de manera tan franca a nuestro Padre celestial. Tampoco fue una serie de quejas y lamentos. Al terminar esa noche de oración, teníamos la confianza de que nuestras necesidades siempre serían suplidas a partir de esa noche. Y así ha sido, gloria a Dios.

Dios me dio un "secreto" de fe para la economía familiar que nunca ha fallado. Me dio "Mi lista de nunca más", como el fundamento para un cambio total en mi vida. Punto número 2: "Nunca más confesaré carencia, porque *'mi Dios, pues, suplirá todo lo que os falta conforme a sus riquezas en gloria en Cristo Jesús'* (Filipenses 4:19)". El Señor me reveló que yo le había limitado a la hora de suplir mis necesidades, porque continuamente hablaba de mi falta de dinero, mis facturas sin pagar, etc. Dios me preguntó usando Amós 3:3: *"¿Andarán dos juntos, si no estuvieren de acuerdo?"*. No podía caminar con Dios en mi economía si no estaba de acuerdo con Él. ¿Cómo no estaba de acuerdo con Él? Al no estar de acuerdo con su Palabra. Esta Palabra de Dios se convirtió en mi nuevo testimonio. Me puse de acuerdo con Dios; dejé de estar de acuerdo con el diablo que mantenía su mano de opresión sobre las finanzas. Nunca más he vuelto a ser víctima de la falta de dinero para mi familia.

Hay principios que he aprendido que son Palabra de Dios. Dios honra el trabajo duro y diligente. El trabajo normalmente es la manera de Dios de suplir las necesidades. A menudo Dios ha suplido mis necesidades mediante mis escritos. Escribir es un trabajo duro. Sentarse toda la noche en un tren para entregar un manuscrito a una editorial también es algo tedioso. Pero incluso más reconfortante que la recompensa económica son las miles de vidas transformadas por las palabras que he escrito bajo el inspirador liderazgo del Espíritu Santo.

No solo trabajo, sino fe. Su fe se detecta por sus palabras. Segunda de Corintios 4:13 dice: *"Pero teniendo el mismo espíritu de fe, conforme a lo que está escrito: Creí, por lo cual hablé, nosotros también creemos, por lo cual también hablamos"*. La fe se libera o se expresa con nuestra boca. Declare su fe; es decir, declare la Palabra. Diga a menudo: "Mi Dios suplirá todas mis necesidades". Estas seis palabras le pondrán por encima de su situación, así como me han puesto por encima de mi situación económica. Dios cuida por completo de que su Palabra se cumpla.

No hay duda al respecto: lo que usted declara es lo que consigue. Hable de su falta de dinero, de lo difíciles que son las cosas para usted, y conseguirá lo que declara. Le animo a que confiese a menudo: "Tengo fe para la economía de mi familia. Gracias, Padre, por tus riquezas ahora". Con sus manos abiertas, extiéndalas hacia su Padre y reciba de Él.

PARTE II:

Palabras que producen confianza

E. W. Kenyon

DE TODO TU CORAZÓN

Ninguna persona que sea de doble ánimo puede tener éxito. Nadie puede ganar la batalla de la vida sino aquel que tiene un solo propósito. Sin duda, el que se sube al ring para enfrentarse a su antagonista debe tener un solo propósito. La Palabra dice: *"Fíate de Jehová de todo tu corazón, y no te apoyes en tu propia prudencia. Reconócelo en todos tus caminos, y él enderezará tus veredas"* (Proverbios 3:5–6).

Debe trabajar con todo su corazón y someterse a las facultades del razonamiento, pero sobre todo, el señorío de Jesús debe dominar totalmente su vida.

Las palabras de Pablo en Romanos 1:1 comunican que él es "el pequeño esclavo de amor de Jesucristo". El gran apóstol de los gentiles se identifica a sí mismo como un pequeño esclavo de amor de Jesucristo. Del mismo modo, hasta que su corazón esté subordinado al corazón de Cristo, habrá una división. La razón intentará ocupar el lugar de la revelación.

Segunda de Crónicas 25:2 nos da un retrato de un corazón dividido: *"Hizo él lo recto ante los ojos de Jehová, aunque no de perfecto corazón"*. Aquí tenemos a un rey que tuvo todas las oportunidades. Tenía a Dios a su lado, si él quería su compañía. Pero a la vez tenía un corazón dividido, y por eso falló.

Por otro lado, 2 Crónicas 31:21 es un retrato de alguien que *"lo hizo de todo corazón, y fue prosperado"*. Aquí tenemos a un hombre que se entregó por completo a la voluntad de Dios, y prosperó.

¿Quiere prosperar? Haga lo que esté haciendo de todo su corazón. No puede ser un predicador de éxito con un corazón dividido. Si los corazones del esposo y de la esposa tienen un solo propósito, entonces el hogar será un éxito, pero si tienen corazones divididos, habrá un hogar dividido.

Don Gossett

VENZA EL TEMOR

He tenido muchas discusiones interesantes con un famoso psiquiatra de Washington, D.C., a quien conocí en el extranjero. Compartimos una preocupación por el gran número de personas cuyas vidas están atenazadas por el temor. Como el gigante del temor está matando a sus diez miles, es importante que los cristianos reciban la verdad de Dios: *"Porque no nos ha dado Dios espíritu de cobardía, sino de poder, de amor y de dominio propio"* (2 Timoteo 1:7). Cuando leemos las promesas de la Palabra de Dios, podemos tener la plena seguridad de que podemos vivir libres de temor, porque el temor no tiene parte en el corazón de un hijo de Dios redimido.

Hay 365 versículos en la Biblia que nos desafían a vivir libres de temor todos los días de nuestra vida. ¡Así que tenemos un versículo contra el temor para cada día del año!

Uno de estos versículos dice: *"No temas, porque yo estoy contigo; no desmayes, porque yo soy tu Dios que te esfuerzo; siempre te ayudaré, siempre te sustentaré con la diestra de mi justicia"* (Isaías 41:10).

El temor no debe tener parte en su corazón, porque mientras Dios esté con usted, no debe temer nunca. Él ha prometido: *"Y he aquí yo estoy con vosotros todos los días, hasta el fin del mundo"* (Mateo 28:20).

La Palabra de Dios dice: *"No temas, porque yo te redimí; te puse nombre, mío eres tú"* (Isaías 43:1). Como el Señor le ha redimido, ha sido liberado del poder de Satanás, el autor del temor.

"Jehová está conmigo; no temeré lo que me pueda hacer el hombre" (Salmos 118:6). *"El temor del hombre pondrá lazo; mas el que confía en Jehová será exaltado"* (Proverbios 29:25). No debe dejarse atrapar de nuevo por un espíritu de temor al hombre. Debido a que el Señor está con usted, el hombre no puede hacerle nada.

Que, librados de nuestros enemigos, sin temor le serviríamos en santidad y en justicia delante de él, todos nuestros días.

(Lucas 1:74–75)

Sean vuestras costumbres sin avaricia, contentos con lo que tenéis ahora; porque él dijo: No te desampararé, ni te dejaré; de manera que podemos decir confiadamente: El Señor es mi ayudador; no temeré lo que me pueda hacer el hombre. (Hebreos 13:5–6)

Como el Señor lo ha dicho, usted puede decir confiadamente lo mismo. Como Dios es su Ayudador infalible, puede decir con valentía: "¡El temor no tiene parte en mi corazón!". (Véase Deuteronomio 31:6; 2 Crónicas 32:7; Salmos 3:6; 27:3).

Como Josué, puede estar sin temor en la presencia de enemigos gigantes. Como David, puede ir contra los gigantes de su vida en el poderoso nombre del Señor.

Puede ser libre del temor con el valor, la confianza y la valentía de Dios, y la osadía de hacer lo que su Palabra dice que usted puede hacer.

EL SEÑORÍO DEL AMOR

J*ehová es mi pastor; nada me faltará*" (Salmos 23:1). La palabra "*Jehová*" es una palabra de tres tiempos. Representa el amor de tres tiempos. El Salmo 23 es una canción de amor. Es una canción de amor de la fe. Este versículo en particular, y la analogía de una oveja y su pastor, muestra la tranquila confianza de las largas asociaciones. Muestra un embelesamiento y simplicidad de fe que emociona.

"*Jehová es mi pastor*" (Salmos 23:1). Sin duda, Él es mi pastor. Él es quien me ama y me cuida, y mi protector. La palabra misma, pastor, sugiere protección y cuidado. ¿Es Él su pastor?

"*Nada me faltará*" (Salmos 23:1). No me faltará ninguna cosa buena. No me faltará comida; no me faltará vestimenta; no me faltará cobijo; no me faltará salud, porque Él es la fortaleza de mi vida.

"*Me hará descansar*" (Salmos 23:2). Eso es calma, serenidad y descanso. Si hubiera enemigos, no podría descansar; estaría de pie en guardia, pero Él es ahora mi protección. Mi Señor Pastor me protege de mis enemigos.

"*En lugares de delicados pastor me hará descansar*" (Salmos 23:2). Este es el poder causativo del amor. La imagen es gráfica; los tréboles llegan hasta las rodillas. Su atractiva belleza cautiva la mirada y satisface a la hambrienta oveja que pace.

"*Junto a aguas de reposo me pastoreará*" (Salmos 23:2). Él me lleva junto a aguas tranquilas; aguas claras, con pequeñas ondas, aguas de tranquilidad y quietud. ¡Cómo necesita calma el corazón en estos días turbulentos! Toda ansiedad y afán se han depositado sobre Él. Somos libres como niños. Junto a la corriente descansamos seguros.

"*Confortará mi alma*" (Salmos 23:3). Este es el cuadro de alguien que se ha llenado de ansiedad y temor hasta llegar casi al borde de un colapso nervioso. Él restaura la mente preocupada, intranquila e infeliz devolviéndola a su condición normal. Este es uno de los hechos más hermosos de su divino cuidado.

Cuando usted sabe que Él cuida de usted y echa toda su ansiedad sobre Él, se sentirá fresco y feliz para hacer su obra. Pero los que están llenos de ansiedad no pueden hacer mucho. El Padre quiso que confiásemos en Él con total abandono. El amor es confianza y falta de temor. *"Me guiará por sendas de justicia por amor de su nombre"* (Salmos 23:3). Este es uno de los privilegios menos frecuentes de esta vida maravillosa: ser guiado a la esfera de la justicia, o al lugar donde usted puede estar en presencia del Padre, sin sentimiento de inferioridad o culpabilidad.

¡Qué pocos han sido guiados por sendas de justicia! Qué pocos han entendido nunca el particular y tremendo privilegio de la comunión con el Padre, de hacer su voluntad en la tierra. Mire, cuando uno sabe esto, puede hacer la obra que Jesús dejó sin terminar: sanar a los enfermos, alimentar a las multitudes, consolar al quebrantado; de hecho, caminar en sus pasos.

Y observó esta parte: *"… Por amor de su nombre"*. Él nos guía por amor de su nombre; por lo tanto, ¿acaso no deberíamos beneficiarnos de su nombre? ¿No deberíamos usar el nombre de Jesús, el nombre que tiene toda autoridad en la tierra, ese nombre que gobierna sobre los demonios, ese nombre que sana enfermedades y produce salud, fortaleza y consuelo al corazón en el hombre?

Jesús dijo: *"Pero cuando venga el Espíritu de verdad, él os guiará a toda la verdad"* (Juan 16:13). Y el Espíritu Santo ha venido, y está esperando guiarnos a la realidad de la obra no terminada de Cristo, a la realidad de la justicia, a la realidad del uso del nombre de Jesús, a la realidad del amor y cuidado del Padre. Oh, si la justicia fuera una realidad, incluso para unos pocos miembros del cuerpo de Cristo, ¡podríamos sacudir el mundo!

Escúchele clamar: *"Aunque ande en valle de sombra de muerte, no temeré mal alguno, porque tú estarás conmigo"* (Salmos 23:4). Este es el caminar sin miedo en la esfera de la muerte espiritual, rodeado de fuerzas de la oscuridad, viviendo entre los que solo tienen conocimiento, donde los demonios gobiernan a la mayoría.

Este es el caminar más dulce y alegre que jamás se haya conocido: *"Aunque ande en valle de sombra de muerte, no temeré mal alguno"* (Salmos 23:4). Ya no tenemos que seguir temiendo a la enfermedad, ya no tenemos por qué temer a la falta o la necesidad. Confíe en el Señor con total abandono, descansando en su Palabra con una segura y dulce confianza. Simplemente clame: "No temeré mal alguno, porque tú estarás conmigo". En su presencia, siendo consciente de su fidelidad, el temor ha sido destruido, la fe ha ganado el control.

Jesús dijo: "*Y he aquí yo estoy con vosotros todos los días, hasta el fin del mundo*" (Mateo 28:20). ¡Y qué cierta es esta viva realidad! No se me ocurre algo que pueda significar más para el creyente que ser consciente de su presencia a su lado todo el tiempo.

"*Tu vara y tu cayado me infundirán aliento*" (Salmos 23:4). La Palabra y su comunión son los regalos más preciados para el hombre hoy. Esta Palabra viva y la iluminación del Espíritu de la misma hacen que la vida esté llena.

Pero escuche su susurro: "*Aderezas mesa delante de mí en presencia de mis angustiadores*" (Salmos 23:5). Esto es una fiesta. Usted no come en presencia de los enemigos; solo come con gozo en la presencia de los amigos. Algo debe de haberles ocurrido a sus enemigos para que usted tenga una mesa preparada en su presencia. Los enemigos han sido derrotados. Ya no pueden dañar más su corazón. Los enemigos quizá han sido la duda, o el temor o muchas otras calamidades, pero son conquistados.

"*Unges mi cabeza con aceite*" (Salmos 23:5). Solo hay dos clases que se ungen: la realeza y el sacerdocio. Usted está en la familia real, porque su Padre Dios es el rey. Usted está en el real sacerdocio para ministrar y mostrar las excelencias de Aquel que le llamó de las tinieblas a su luz admirable. El aceite de la unción del Espíritu está sobre usted. Está preparado para el ministerio, el ministerio ilimitado de la morada de Dios, la guía de Dios y la capacitación de Dios.

"*Mi copa está rebosando*" (Salmos 23:5). En vez de necesidad y carencia, usted ha alcanzado la afluencia. Tiene suficiente para usted y para otros. Su copa es como la vasija de aceite de la viuda. Cuanto más derrama, más tiene. Cuanto más da, más posee. La copa rebosante es la copa de la bendición.

"*Ciertamente el bien y la misericordia me seguirán todos los días de mi vida*" (Salmos 23:6). Estas son las gemelas del amor: bondad y misericordia. Estas dos le acompañan desde la mañana hasta la noche. Ellas velan su cama.

"*Y en la casa de Jehová moraré por largos días*" (Salmos 23:6). Esta es la comunión de mayor orden. Esta es la consumación de la redención. Este es el clímax del sueño de la vida.

UNA MENTE SANA

Una vez que se deshaga de la tenaza del temor, es capaz de pensar con más creatividad, de manera más positiva. Puede usar su mente en su máximo potencial al ser "[transformado] *por medio de la renovación de vuestro entendimiento*" (Romanos 12:2). Como hemos visto en la sección previa, "*No nos ha dado Dios espíritu de cobardía, sino de poder, de amor y de dominio propio*" (2 Timoteo 1:7).

El dominio propio se consigue cuando nuestra mente piensa bien. A menudo, usted hace injusticia a la mente que Dios le ha dado al no hacer uso de ella. No siempre es necesario buscar alguna dirección mística en los asuntos espirituales. Su capacidad de pensar bien, que es un don de Dios, es bastante capaz de tomar buenas decisiones.

Una mente sana evita los pensamientos negativos. Los pensamientos negativos impiden la función de pensar bien, y se deben evitar.

Una mente sana piensa en cosas positivas.

Una mente sana piensa en lo puro, nunca en lo impuro. Este mundo está contaminado por el pensamiento enfermo en el sexo impuro e ilícito.

Una mente sana nunca habita en este impuro patrón de pensamiento.

Una mente sana nunca crea mentiras o engaños. Como su mente es la fuente de todas las palabras y acciones, nunca permita que su mente entretenga la falta de verdad.

Una mente sana medita en la Palabra de Dios. Se dan muchas promesas en la Escritura acerca del valor de meditar en la Palabra. Cuando usted medita continuamente en la Palabra, tiene asegurados el éxito y la prosperidad. (Véase Josué 1:8; Salmos 1:3).

Una mente sana persevera en Dios. "*Tú guardarás en completa paz a aquel cuyo pensamiento en ti persevera*" (Isaías 26:3).

Una mente sana habita en los buenos reportes, no en los malos. Una mente sana recuerda las cosas bellas y buenas de la vida, no las malas.

Por lo demás, hermanos, todo lo que es verdadero, todo lo honesto, todo lo justo, todo lo puro, todo lo amable, todo lo que es de buen nombre; si hay virtud alguna, si algo digno de alabanza, en esto pensad. (Filipenses 4:8)

Una mente sana es una mente renovada, renovada por la Palabra mediante el Espíritu Santo. Una mente sana rehúsa albergar rencor, falta de perdón, una voluntad enfermiza e injusticias del pasado. Una mente sana es una mente saludable, un don de Dios.

Afirme estas palabras: "Dios me ha dado una mente sana. Mediante este don de una mente sana, puedo tomar buenas decisiones y tener buenos pensamientos".

EL PROYECTO DE DIOS PARA MÍ

Esta es la maravilla del siglo: que un simple ser humano pueda hablar con el Creador del universo, ser uno con Él y entrar en una relación tal con Él que Dios se convierta en todo lo que necesita. Dios se convertirá en su patrocinador, su fortaleza y su vida; se convertirá en su maestro, su consolador, su vencedor, su redentor, su redención y su misma vida. Esta es la maravilla de la gracia de Dios.

El gran Padre Dios de hecho me cuida como a su hijo; me protege y me hace ver que *"todo lo puedo en Cristo que me fortalece"* (Filipenses 4:13). Él me dice: *"No temas, porque yo estoy contigo; no desmayes, porque yo soy tu Dios que te esfuerzo; siempre te ayudaré, siempre te sustentaré con la diestra de mi justicia"* (Isaías 41:10).

Piense en un hombre, un simple hombre, que entre en contacto, unión y comunión con un Ser como el Dios creador. Eso es lo que estamos haciendo. Eso es lo que significa el cristianismo. Jesús se convirtió en el vínculo que nos une al Padre. Jesús es la seguridad de este vínculo. Jesús es la certeza de esta relación, de esta continua comunión, de esta ayuda y apoyo continuos. Él es mi seguridad.

Ahora bien, no se rinda. No deje que ocurra nada que pueda desanimarle por un momento, porque esta es la verdad eterna de que Dios es la fortaleza de su vida. No tiene que temer lo que le pueda hacer el hombre o lo que pueda decir. Confíe en el Padre con todo su corazón, y no se apoye en lo que la gente dice ni en lo que piensa, sino en lo que declara la Palabra de Dios. No se esfuerce por abrirse paso ni razone cómo vivirá. Viva creyendo. Este es el secreto: creer en medio de los problemas de la vida, creyendo al superar los obstáculos que enfrenta diariamente, solo creyendo que *"mayor es el que está en vosotros, que el que está en el mundo"* (1 Juan 4:4). Es creer que la sabiduría, fortaleza y gracia de Dios son totalmente suyas en este instante.

Tendrá lugares de prueba. Tendrá momentos en los que parezca que Él se ha retirado de usted, pero es solo para darle un mayor gozo, un mayor amor, un mayor poder y una comunión más dulce.

Así que no tema; ¡tan solo créale a Él!

Don Gossett

MANTENGA LA ALABANZA Y DOMINE SUS TEMORES

Vivir según los principios "pro-alabanza—anti-temor" de Dios produce abundancia de paz, gozo, contentamiento ¡y poder para vencer!

Principios pro-alabanza

1. ALABANZA SACRIFICIAL: *"Así que, ofrezcamos siempre a Dios, por medio de él* [Jesús], *sacrificio de alabanza, es decir, fruto de labios que confiesan su nombre"* (Hebreos 13:15).

2. ALABANZA GOZOSA: *"Regocijaos en el Señor siempre. Otra vez digo: ¡Regocijaos!"* (Filipenses 4:4).

3. ALABANZA DIARIA: *"Este es el día que hizo Jehová; nos gozaremos y alegraremos en él"* (Salmos 118:24).

4. ALABANZA DE RESCATE: *"Y habido consejo con el pueblo* [los de Judea], [Josafat] *puso a algunos que cantasen y alabasen a Jehová, vestidos de ornamentos sagrados, mientras salía la gente armada, y que dijesen:* **Glorificad a Jehová, porque su misericordia es para siempre.** *Y cuando comenzaron a entonar cantos de alabanza, Jehová puso contra los hijos… las emboscadas de ellos mismos que venían contra Judá, y se mataron los unos a los otros… pues ninguno había escapado"* (2 Crónicas 20:21–22, 24).

5. ALABANZA CONTINUA: *"Bendeciré a Jehová en todo tiempo; su alabanza estará de continuo en mi boca"* (Salmos 34:1).

6. ALABANZA OMNIPRESENTE: *"Pero tú eres santo, tú que habitas entre las alabanzas de Israel"* (Salmos 22:3).

7. ALABANZA GLOBAL: *"Todo lo que respira alabe a JAH. Aleluya"* (Salmos 150:6).

Muy a menudo durante el día, proclamaré de todo corazón esta frase de alabanza agradable a Dios: "¡Gloria a Dios!".

Principios anti-temor

1. DEFINIR EL TEMOR: *"Porque no nos ha dado Dios espíritu de cobardía, sino de poder, de amor y de dominio propio"* (2 Timoteo 1:7).

2. VENCER LA DESESPERACIÓN: *"De manera que podemos decir confiadamente: El Señor es mi ayudador; no temeré lo que me pueda hacer el hombre"* (Hebreos 13:6).

3. DERROTAR LA DEPRESIÓN: *"No temas, porque yo estoy contigo; no desmayes, porque yo soy tu Dios que te esfuerzo; siempre te ayudaré, siempre te sustentaré con la diestra de mi justicia"* (Isaías 41:10).

4. VENCER LA COBARDÍA: *"El temor del hombre pondrá lazo; mas el que confía en Jehová será exaltado"* (Proverbios 29:25).

5. ESPÍRITU DE ESCLAVITUD: *"Pues no habéis recibido el espíritu de esclavitud para estar otra vez en temor, sino que habéis recibido el espíritu de adopción, por el cual clamamos: ¡Abba, Padre!"* (Romanos 8:15).

6. CASTIGO DE TEMOR: *"En el amor no hay temor, sino que el perfecto amor echa fuera el temor; porque el temor lleva en sí castigo. De donde el que teme, no ha sido perfeccionado en el amor"* (1 Juan 4:18).

7. LIBERACIÓN DIARIA DEL TEMOR: *"Busqué a Jehová, y él me oyó, y me libró de todos mis temores"* (Salmos 34:4).

Con mucha frecuencia durante el día, proclamaré esta fórmula con todo mi corazón para ser libre del temor: "¡El temor no tiene cabida en mi corazón!".

LA PREOCUPACIÓN DESTRUYE LA EFICIENCIA

La preocupación es el hijo enfermo del *temor* y la *incredulidad*. Estas dos emociones están casadas, ¡y qué hijos han dado a luz! La preocupación conduce a la pérdida de energía vital, la perturbación del órgano digestivo y de otros órganos, lo cual afecta a su capacidad. Se convierte en una enfermedad mental. Casi todos la tenemos. Es contagiosa. Conduce a todo tipo de trastornos físicos y mentales.

Pero su cura es simple: *"Fíate de Jehová de todo tu corazón, y no te apoyes en tu propia prudencia. Reconócelo en todos tus caminos, y él enderezará tus veredas"* (Proverbios 3:5–6). O: *"Echando toda vuestra ansiedad sobre él, porque él tiene cuidado de vosotros"* (1 Pedro 5:7). Quédese tranquilo durante un momento y recuerde esto: Dios está de su lado. Si Dios está por usted, ¿quién puede estar contra usted? (Véase Romanos 8:31).

Los hombres no pueden vencer a aquel que confía en el Señor con todo su corazón. No hay enemigos suficientes en todo el mundo para fustigar al hombre que confía totalmente en la sabiduría de Dios, su Padre, y no se apoya en el "conocimiento de los sentidos".

Ningún hombre está seguro al salir al mundo empresarial hasta que no hay aprendido primero el secreto de la total confianza en el Señor. Así que si no lo ha aprendido aún, y está llevando sus cargas con temor, ansiedad y preocupación, busque un lugar a solas y resuelva ese gran asunto con Él. Tome la sabiduría y gracia de Dios para salir y hacer su trabajo con una eficiencia perfecta.

No hay salvación en la cruz. La salvación está en el Cristo que se sienta en el trono; está en la tumba vacía. Hay muchos cristianos que piensan que les he robado su salvación cuando les hablo de la verdad de la cruz. Algunas iglesias no tienen a Cristo sentado, ningún Salvador a la diestra de Dios. Simplemente han puesto a un Cristo muerto en la cruz. Y las personas que le dicen hoy que están viviendo la vida de la cruz, aferrándose a la cruz, o confiando en la cruz, no tienen a un Cristo resucitado.

Me pregunto si usted sabe que es tan malo cantar una mentira como predicarla. Piense en ello: "Jesús, mantenme cerca de la cruz. Hay una fuente preciosa". Él llevó su sangre al lugar santísimo y nos concedió una redención eterna. Yo no quiero estar cerca de la cruz. ¿Por qué? Porque estamos en Cristo. Tenemos la vida y la naturaleza del Padre en nosotros.

Jesús dijo: "*Yo soy la vid, vosotros los pámpanos*" (Juan 15:5). La Vid no está en la cruz. La Vid está en el cielo. Es Cristo en ustedes, la esperanza de gloria. (Véase Colosenses 1:27).

¿Sabe por qué algunos predican la cruz y hablan de la cruz? Porque viven en el "mundo de los sentidos". La cruz es algo que pueden ver y sentir. Pueden aferrarse a esa pequeña cruz de oro que cuelga de una cadena en su cuello o que tienen en forma de pin en la solapa de su chaqueta, y se sienten muy cerca de algo. Pero Cristo no está en esa cruz de oro. Cristo está sentado a la diestra del Padre. Él se ha deshecho del pecado. Ha vencido a Satanás. Ha resucitado de los muertos. Y durante los cuarenta días, fue y predicó a las almas en el paraíso que habían sido cubiertas por la sangre de los sacrificios de bueyes y machos cabríos. Él les llevó el mensaje de la vida eterna. Él vació el paraíso y se los llevó al cielo, donde están ahora.

Cuando llevó su sangre al cielo y la "corte suprema del universo" la aceptó, fue derramada sobre el propiciatorio en presencia del Padre. Después se sentó, y ahí está Él hoy. Su obra está terminada. Su obra comenzó en la cruz. Terminó en el trono. No entiendo por qué los cristianos se fijan más en la cruz que en el Cristo sentado y en que ellos están sentados juntamente con Él.

La cruz es donde fue colgado mi Señor, donde Dios puso nuestra iniquidad sobre Él, donde Dios le hizo ser pecado por nosotros, donde Dios le abandonó, donde Dios le entregó a Satanás, donde triunfó el pecado y donde Dios ignoró su oración. Ningún ángel le ministró allí. La oscuridad echó un velo sobre Él. La cruz es donde el amor fue hasta el límite. Cristo dejó su cuerpo colgado en la cruz. Fue al lugar donde deberíamos haber ido nosotros, y Él sufrió por nosotros hasta que se cumplió la última demanda. Después fue justificado en espíritu, revivido en espíritu. Conquistó a Satanás en espíritu como nuestro sustituto. Después entró en su propio cuerpo, lleno de inmortalidad, y resucitó de la muerte.

DIGA ADIÓS AL ESTRÉS

El estrés es un común denominador entre la gente de todas las escalas de la sociedad de nuestros días. Todos están preocupados por el estrés. Los libros que son éxitos de ventas tratan de este asunto. Se dan cursos acerca de este tema. Los empresarios están preocupados por la merma que produce sobre la salud y la productividad de sus empleados.

Además de ser muy una fuerza muy desgastante en nuestras funciones mentales y físicas, el estrés es verdaderamente un asesino. Se ha descubierto que está relacionado con enfermedades como las úlceras, enfermedades cardiacas e incluso el cáncer.

¿Es posible que los cristianos vivan libres del estrés con la condición en la que se encuentra el mundo hoy día? ¿Con violaciones, atracos, robos, asesinatos y desastres amenazándonos diariamente? ¿Con la crisis en la economía y el espectro de la destrucción nuclear ante nosotros?

La Palabra de Dios tiene un antídoto para el estrés: *"Tú guardarás en completa paz a aquel cuyo pensamiento en ti persevera; porque en ti ha confiado"* (Isaías 26:3).

En vez de preocuparse porque alguien de su familia vaya a ser víctima de una violación, atraco, robo, asesinato, SIDA, herpes, ataque al corazón o cáncer, manténgase firme en el poder de la Palabra de Dios, que dice: *"El ángel de Jehová acampa alrededor de los que le temen, y los defiende"* (Salmos 34:7). Diga: "Diablo, *escrito está* que ningún mal me acontecerá, ni plaga tocará mi morada". (Véase Salmos 91:10).

En vez de preocuparse por los problemas de su trabajo, afirme la promesa de Dios que dice: *"Jehová peleará por vosotros, y vosotros estaréis tranquilos"* (Éxodo 14:14). Diga: "Diablo, *escrito está* que el Señor me librará de toda obra malvada". (Véase 2 Timoteo 4:18). Diga: "Diablo, *escrito está* que cuando el enemigo venga como un río, el Espíritu del Señor levantará un estandarte contra él". (Véase Isaías 59:19). Recuerde que el Espíritu de Dios está levantando un poderoso estandarte de defensa por usted cuando otros quizá estén poniéndole bajo presión. La batalla no es suya, sino del Señor. (Véase 2 Crónicas 20:15).

En lugar de preocuparse por cómo pagar sus facturas, cite la promesa de Dios: *"Mi Dios, pues, suplirá todo lo que os falta conforme a sus riquezas en gloria en Cristo Jesús"* (Filipenses 4:19). Eche todo su afán y sus preocupaciones sobre el Señor, porque la Palabra dice: *"Echando toda vuestra ansiedad sobre él, porque él tiene cuidado de vosotros"* (1 Pedro 5:7).

La Biblia dice: *"Encomienda a Jehová tu camino, y confía en él; y él hará"* (Salmos 37:5). Cuando entrega su vida totalmente a Dios y pone su confianza en Él, Dios se ocupará de cada detalle de su vida.

PLENA CERTIDUMBRE DE FE

Después de recibir a Jesucristo en mi vida por la fe, hubo momentos en que tuve dudas acerca de mi salvación. Esas dudas estuvieron causadas por personas no creyentes que se burlaban de la Biblia y de las cosas de Dios. También, a menudo me preguntaba si tenía los "sentimientos" correctos que debería tener un cristiano. Después, también, cuando le fallaba al Señor, me preguntaba si verdaderamente había sido salvo.

Pero en mi búsqueda, Dios me dio la *"plena certidumbre de fe"* (Hebreos 10:22) y me curó de todas mis dudas. Gloria a su nombre. ¿Cómo obtuve esta total certidumbre de fe? ¡Por su maravillosa Palabra!

"Nadie puede saber a ciencia cierta si es salvo". Esto es lo que me dijo un hombre, al que conocí una vez y compartí con él mi conocimiento de salvación a través de Cristo.

"Nunca en esta vida una persona puede saber si es salva", siguió el hombre. "Uno debe seguir actuando lo mejor posible, y cuando se abran los libros, se verá si lo consiguió o no".

Eso me preocupaba. Estaba intentando con todas mis fuerzas ser cristiano. ¿Qué ocurriría si este hombre tenía razón? Como joven que era, eso realmente me preocupaba.

No puedo decir que el pleno conocimiento de mi segura relación con Dios llegó al instante. Más bien, fue cuestión de aprender *"la verdad, y la verdad os hará libres"* (Juan 8:32), declaró Jesús.

Paz con Dios. Estoy contento de ser cristiano por la paz con Dios que obtuve cuando acepté a Cristo por la fe. *"Justificados, pues, por la fe, tenemos paz para con Dios por medio de nuestro Señor Jesucristo"* (Romanos 5:1). Mientras resistí la llamada del Espíritu a aceptar a Cristo como mi Salvador, estaba en guerra con Dios; era su enemigo, aunque Él me amaba. Pero entonces cuando dejé de resistir y le recibí por la fe, ¡tuve paz con Dios!

Plena autoridad para saber. *"Mas a todos los que le recibieron, a los que creen en su nombre, les dio potestad de ser hechos hijos de Dios"*

(Juan 1:12). Yo recibí a Cristo; por lo tanto, supe que era hijo de Dios, su propio hijo. Este poder que recibí me ha cambiado, transformado, hecho de nuevo. ¡Aleluya! Fue la maravilla de recibir a Cristo, y después de saber que era salvo.

Otra gran verdad que me dio victoria sobre las dudas fue esta: *"El Espíritu mismo da testimonio a nuestro espíritu, de que somos hijos de Dios"* (Romanos 8:16). Yo recibí el testimonio del Espíritu de Dios, de que le pertenecía. Esto fue algo precioso de saber.

Las dudas solo se despejan con la verdad. Y la verdad de Dios hizo su obra en mi corazón. *"Nosotros sabemos que hemos pasado de muerte a vida, en que amamos a los hermanos"* (1 Juan 3:14). Cuando fui salvo y lo supe, descubrí que el odio, el rencor y la falta de perdón hacia aquellos que me habían ofendido sea habían ido. Amaba a otros, especialmente a los cristianos, pero Dios también me capacitó para amar a quienes, en el orden natural de las cosas, no me caían bien. Gracias a Dios por ese amor que sobrepasa todo entendimiento.

No es presuntuoso declarar, aquí y ahora en esta vida, que alguien es salvo. *"El que tiene al Hijo, tiene la vida"* (1 Juan 5:12). Yo supe que había recibido al Hijo de Dios en mi corazón, y supe que su vida divina estaba dentro de mí.

"De modo que si alguno está en Cristo, nueva criatura es; las cosas viejas pasaron; he aquí todas son hechas nuevas" (2 Corintios 5:17).

Dios declara que esta es su Palabra. Yo supe que era una nueva criatura en Cristo. Esto fue por su gracia, mediante la fe en Jesucristo.

Dios así lo ha dicho, y *"Dios no es hombre, para que mienta"* (Números 23:19).

Tengo la plena seguridad de que un día veré a Cristo cara a cara. Mi seguridad no descansa solo sobre los sentimientos, sino sobre la Palabra de Dios. Y su Palabra es como un ancla; ¡me mantiene firme y seguro!

ESPERE A JEHOVÁ

Más personas fallan quizá aquí más que en cualquier otra área del caminar cristiano. Primera de Samuel 13 es un retrato del gran hombre Saúl que no supo esperar a Jehová. No me atrevo a condenarle, ya que nosotros hemos sido como Saúl. Hemos fallado en esperar al Señor para que viniera a liberarnos. Nos hemos apropiado de las cosas por nosotros mismos.

> *Espera en Jehová, y guarda su camino.*   (Salmos 37:34)

> *Pero los que esperan en Jehová, ellos heredarán la tierra.*
> (Salmos 37:9)

> *Alma mía, en Dios solamente reposa, porque de él es mi esperanza.*   (Salmos 62:5)

Mientras sus expectativas provengan del doctor, de lo que el hombre puede hacer, el Señor le dejará solo, y podrá luchar solo. Pero mientras acuda a Él con resolución, Él no puede fallarle. Dios nunca le fallará.

El salmista escribió: *"Pero yo estoy como olivo verde en la casa de Dios"* (Salmos 52:8). ¿Por qué? Porque dijo: *"En la misericordia de Dios confío eternamente y para siempre"* (versículo 8).

Usted, también, será como la oliva verde en la casa de Dios. Pero si no confía en Él, el siguiente versículo le describirá: *"Será como la retama en el desierto, y no verá cuando viene el bien, sino que morará en los sequedales en el desierto, en tierra despoblada y deshabitada"* (Jeremías 17:6).

NO PLANIFIQUE UNA CRISIS NERVIOSA

Casi todas las personas con las que me encuentro acaban de tener una crisis nerviosa, están en medio de una crisis nerviosa, o si no, ¡están planificando una crisis nerviosa!". Esto dijo el Reverendo Jack Hyles, pastor de la Primera Iglesia Bautista en Hammond, Indiana. Estoy de acuerdo con el Pastor Hyles. Las crisis nerviosas casi han alcanzado proporciones de epidemia en nuestro país en la actualidad, y se han convertido en uno de los problemas más serios actualmente con los que trata la profesión médica.

Un doctor ha dicho que aunque la ciencia médica ha vencido muchas de las enfermedades mortales que nos afectaban hace muchos años, los doctores hoy se ven ante nuevas enfermedades que son igual de devastadoras. Muchas personas han caído víctimas de estas enfermedades como resultado de las presiones de la vida moderna. No pueden lidiar con las complejidades de nuestra sociedad.

Hace años, estaba con un pastor más mayor y su esposa en una casa donde estábamos orando por una mujer que había sufrido una crisis nerviosa. Estos pastores sabios y con experiencia estaban hablando a la situación de la mujer mientras afirmaban una y otra vez las palabras de Jesús: *"Calla, enmudece"* (Marcos 4:39). Mientras seguían repitiendo estas palabras vivificantes y reparadoras: *"Calla, enmudece"*, la habitación se llenó de una atmósfera tranquila y pacífica. La mujer respondió a la paz del evangelio, y su condición nerviosa mejoró de inmediato.

Mientras estaba de visita en Israel tuve la oportunidad de navegar por el mar de Galilea, y pensaba cómo Jesús lidió con ese mar tempestuoso hace tanto tiempo. La tormenta, los temores de sus discípulos y la turbulencia de esas aguas eran un desafío para Él. Sin embargo, Él simplemente dijo: *"Calla, enmudece"*, y las aguas se calmaron como un bebé durmiendo.

Su sistema nervioso quizá esté tan agitado como lo estaban esas aguas de Galilea. Quizá se esté ahogando en una turbulencia interna. Las tormentas, las presiones, los problemas de la vida quizá le abruman. Sin embargo, hay una intervención a cargo de Jesucristo nuestro Señor. Las palabras de Jesús son espíritu, y son vida. (Véase Juan 6:63). Escúchele diciéndole hoy: *"Calla, enmudece"*.

Así como Jesús tuvo dominio absoluto sobre el viento y las olas del mar de Galilea, así tiene dominio completo de usted, su cuerpo y su sistema nervioso. Cuando usted declara sus palabras, es de hecho el maestro de Galilea hablando a través de usted. ¿Acaso no dijo Él: *"Las obras que yo hago, él las hará también; y aun mayores hará, porque yo voy al Padre"* (Juan 14:12)?

Aunque no estamos ante unas olas tempestuosas hoy en un mar real, estamos ante la derrota, situaciones que dan miedo, y dolor. Y a veces, como los discípulos de Jesús, estamos al borde de la desesperación. Pero sepa que Jesús está con usted así como estaba en el barco de pesca en Galilea. Él ha dicho: *"No te desampararé, ni te dejaré"* (Hebreos 13:5), y *"He aquí yo estoy con vosotros todos los días, hasta el fin del mundo"* (Mateo 28:20).

Recuerde que usted es hijo de Dios. No fue creado para una vida de trastornos nerviosos, para frecuentes episodios de nervios revoltosos. Usted no fue diseñado para vivir una existencia temerosa. Es hijo de Dios, y Él le ama. Aprenda a echar sus cargas sobre Jesús. Visualícese literalmente poniendo sus problemas, sus dificultades y afán en las manos de Él. Él es un Dios grande y amoroso, y tiene manos grandes, tiernas y capaces.

Quizá haya oído decir que ningún hijo de Dios tiene que padecer nunca una crisis nerviosa o entrar en un hospital mental. Es cierto, con una condición añadida. Ningún hijo de Dios que practique una vida de alabanza positiva tendrá jamás una crisis nerviosa ni terminará en un hospital mental. Porque cuando usted alaba a Dios con gozo, está disipando las fuerzas negativas que producen las crisis nerviosas.

Un cristiano muy querido que había sufrido un problema nervioso me escribió recientemente diciendo: "Durante más de tres años me ha estado afectando un serio problema nervioso. He sido reticente a la hora de decir que fue una completa crisis nerviosa, porque he intentado orgullosamente evitar ese término. Quizá ha sido una crisis nerviosa. Al menos, ha sido un tiempo de tormento para mí y para mi querida familia.

Algunos amigos me animaron a sintonizar su programa. No tengo palabras para expresar la ayuda que he recibido a través de su ministerio. Principalmente, su énfasis en el poder de la alabanza me ha ayudado inmensamente".

La mayoría de los problemas nerviosos están causados por los "ADP". ¿Qué son los ADP?, preguntará usted. ¿Alguna enfermedad moderna? No, no es exactamente una enfermedad moderna, aunque ha crecido en prominencia recientemente. Los ADP simplemente son los "Afanes, Dificultades y Problemas" de la vida que llevan a muchos a un verdadero desafío de fe.

Así es como puede vencer un trastorno nervioso al practicar el orden de Dios:

1. *"Echando toda vuestra ansiedad sobre él, porque él tiene cuidado de vosotros"* (1 Pedro 5:7). ¿Tiene muchos problemas, afanes y dificultades hoy? No los lleve en su mente, sobre sus propios hombros. Échelos sobre el Señor. Suéltelos y deje que Dios los lleve. Y déjelos ahí. Imagine su trastorno nervioso como el tempestuoso mar de Galilea con sus violentas y tempestuosas olas. Levántese en el nombre de su Salvador y hable a esos nervios como Jesús hizo con el mar: *"Calla, enmudece"* (Marcos 4:39). Hay un poder increíble en esas palabras. Son las palabras del poderoso Creador mismo hablando a su creación. Así que declárelas hoy.

2. Alabe al Señor. La alabanza eleva su alma hasta esa realidad en las alturas, donde el Espíritu de Dios está volando. La alabanza está en armonía con la total expectativa de Dios para su buena vida. Discipline sus labios para alabar al Señor. *"Así que, ofrezcamos siempre a Dios, por medio de él, sacrificio de alabanza, es decir, fruto de labios que confiesan su nombre"* (Hebreos 13:15).

Muchas personas que tienen problemas nerviosos son muy dadas a quejarse, a buscar una justificación para su situación. Debe dejar esa forma negativa y pesimista de hablar, o de lo contrario nunca será libre. Por eso enfatizo: discipline sus labios para alabar al Señor.

Este es el remedio de Dios para una crisis nerviosa. Pruebe la manera de Dios y experimente por usted mismo su liberación.

EL TEMOR NO TIENE CABIDA EN MI CORAZÓN

El temor tiene una fuente: el diablo. *"Porque no nos ha dado Dios espíritu de cobardía, sino de poder, de amor y de dominio propio"* (2 Timoteo 1:7). Quiero que observe que según la Palabra de Dios, el temor no es una rareza mental. No es una imaginación o un sentimiento, sino un espíritu que nos ha dado, no Dios, sino Satanás.

Los resultados del temor no son agradables. De hecho, la Biblia dice que *"el temor lleva en sí castigo"* (1 Juan 4:18). Las víctimas del temor a menudo sufren agonía física, angustia mental y tormento espiritual.

Además, el temor es engañoso. Debido al temor, la gente caerá en trampas que les ha puesto el diablo. *"El temor del hombre pondrá lazo"* (Proverbios 29:25). El temor desvía, hechiza y engaña.

El temor produce de lo mismo, así como la fe produce de lo mismo. Si cree que Dios le sanará, ¡Él lo hará! Si teme que el diablo le aflija con cáncer, ¡Él lo hará! Así, el temor a la enfermedad puede producir enfermedades; el temor a la calamidad puede producir que venga sobre nosotros una calamidad; tema al fracaso, y estará abriendo la puerta para que el fracaso engulla su vida. Eso es lo que le ocurrió a Job: *"Porque el temor que me espantaba me ha venido, y me ha acontecido lo que yo temía"* (Job 3:25). Derrota, depresión, enfermedad, destrucción e incluso muerte fueron el resultado de los temores de Job.

El temor es destructivo, llevando a algunos casi al borde del suicidio. El temor causa insomnio, crisis nerviosas, opresión en su vida de oración y atadura para dar testimonio. El temor le hace esperar lo peor. Le atenaza como un tornillo de banco.

Atrévase a reprender al temor en el nombre de Jesús. Llame al autor del temor por su nombre: Engañador, Mentiroso, Fraude. *"Resistid al diablo, y huirá de vosotros"* (Santiago 4:7).

Stephanie Adams de Sídney, British Columbia, que ha sido víctima del temor, me escribió:

Antes de oír su programa de radio, el temor solía atenazarme como un tornillo de banco en cualquier sitio donde iba. Oraba siempre pidiendo la ayuda de Dios, y sé que Él me respondió guiándome a escuchar su programa. Ahora he aprendido cómo echar fuera el temor en el nombre de Jesús. Ahora confío plenamente en Dios, y soy una cristiana positiva. Le doy gracias a Dios por usarle de este modo.

El Sr. Robert Clark de Moose Jaw, Saskatchewan, escribió:

Sus mensajes sobre el temor son útiles e interesantes. Muchas personas tienen fobias y supersticiones con esto y con aquello, como usted describe, y hacen que la vida sea difícil para ellos mismos y para otros. Así que su mensaje sobre este tema debe hacer mucho bien a todos aquellos que están atrapados en esas creencias. Confío en que muchos serán persuadidos a entregarle sus problemas a Dios y encontrar libertad.

Como Dios está con usted, no debe tener miedo nunca más. "*No temas, porque yo estoy contigo; no desmayes, porque yo soy tu Dios que te esfuerzo; siempre te ayudaré, siempre te sustentaré con la diestra de mi justicia*" (Isaías 41:10).

EL PODER CREATIVO DE CREER

Sabemos que creer es tener. Es posesión. Dios creyó y formó el universo. Él susurró: *"Sea la luz"*, y apareció. Y Dios nos ha dado la capacidad de creer cosas para que sean formadas cuando nos dijo: *"Al que cree todo le es posible"* (Marcos 9:23). Estaba asentando la ley de la fe. No es solo la ley, sino también una invitación a entrar a la realidad donde gobierna esa ley.

Jesús creyó en sus propias palabras. Cuando dijo: *"¡Lázaro, ven fuera!"* (Juan 11:43), sabía que Lázaro saldría. Cuando le dijo al demonio: *"Sal de él"* (Marcos 9:25), sabía que el demonio saldría. Cuando le dijo al mar en medio de la tormenta: *"Calla, enmudece"* (Marcos 4:39), sabía que el mar obedecería. Jesús creía. Cuando le dijo a Pedro que pescara un pez y abriera su boca y tomara la moneda para pagar los impuestos, sabía que la moneda estaría ahí. (Véase Mateo 17:27). Creyó que las piernas lisiadas sanarían. Creyó que los leprosos quedarían limpios. Creyó que el pan se multiplicaría hasta alimentar a cinco mil. Creyó que el agua sostendría su peso cuando caminó por el mar. Creyó que el agua se convertiría en vino.

Él le está desafiando a creer en su propia palabra, o en su Palabra puesta en labios de usted.

CORAZONES DESPREOCUPADOS

Si su corazón está lleno de temor, hablará temor, y sus temores aumentarán. Lo sorprendente es que cuando usted habla, esos temores inmediatamente le atenazan más fuerte que nunca. Para vencer esto, llene su corazón de la Palabra de Dios. Entonces, cuando se vea tentado a dudar, haga que sus labios pronuncien su Palabra en vez de sus propias dudas. Simplemente tome la decisión de que sus labios proclamen la Palabra en lugar del temor. Puede hacerlo mediante el Señor Jesucristo que le dará la fortaleza. (Véase Filipenses 4:13).

Como Él ha dicho: *"No temas, porque yo estoy contigo; no desmayes, porque yo soy tu Dios"* (Isaías 41:10), podemos decir confiadamente: "Ya no tengo más temor porque Dios está conmigo todo el tiempo".

Como Él ha dicho: *"Porque no nos ha dado Dios espíritu de cobardía, sino de poder, de amor y de dominio propio"* (2 Timoteo 1:7), podemos decir confiadamente: "Soy libre de todo temor, porque mi Dios no me ha dado temor, sino poder, amor y dominio propio".

Como Él ha dicho: *"Mi paz os doy… No se turbe vuestro corazón, ni tenga miedo"* (Juan 14:27), podemos decir confiadamente: *"'Justificados, pues, por la fe, tenemos paz para con Dios por medio de nuestro Señor Jesucristo'* (Romanos 5:1), *'porque él es nuestra paz'* (Efesios 2:14), y por lo tanto, mi corazón ya no está preocupado ni temeroso".

Como Él ha dicho: *"Tú guardarás en completa paz a aquel cuyo pensamiento en ti persevera; porque en ti ha confiado"* (Isaías 26:3), podemos decir confiadamente: "Tengo su perfecta paz porque mi mente está enfocada en Él".

ALELUYA COMO ESTILO DE VIDA

En mis viajes como evangelista misionero, he ministrado a personas que hablan distintos idiomas. Dios ha ordenado que haya solo una palabra universal, prácticamente igual en todos los idiomas. Es la palabra *aleluya*. Después del nombre de Jesús, es la palabra más poderosa que pueden pronunciar los labios cristianos.

La palabra aparece muchas veces en las Escrituras judías, donde es simplemente "aleluya". En la versión *Nueva Traducción Viviente*, se traduce como "*Alabado sea el* Señor".

Aleluya es más que una palabra; es una canción de alabanza. Cuántas veces he visto al pecador más vil salvado por la gracia desbordada por el agradecimiento en su corazón, y cuyo nuevo lenguaje es "¡Aleluya!". ¿Desea al arcángel más alto magnificar el nombre del que está sentado en el trono del cielo? Un aleluya irrumpe de sus labios, resonando por todos los corredores de los cielos. Aleluya es el lenguaje común de los pecadores redimidos, santos y ángeles.

Si usted es joven, alabe al Señor por la perspectiva de la salud y por la largura de días en la que le sirve. Si es mayor, alabe a Dios por las bendiciones de sus años y por los muchos beneficios que ha recibido.

"*¡Aleluya! ¡Alabado sea el* Señor! *Den gracias al* Señor, *porque él es bueno; su gran amor perdura para siempre*" (Salmos 106:1, nvi). Aleluya expresa agradecimiento, alabanza y adoración.

Todo aquel que ha gustado que el Señor es compasivo y misericordioso debería tener una canción de alabanza en su corazón. Aleluya es un coro natural y gozoso de alabanza que brota en el corazón redimido para magnificar a Dios. "*Bueno es alabarte, oh Jehová, y cantar salmos a tu nombre, oh Altísimo*" (Salmos 92:1).

Aleluyas llenan el cielo. Es una palabra que será prominente en nuestro vocabulario allí. "*Después de esto oí una gran voz de gran multitud en el cielo, que decía: ¡Aleluya!*" (Apocalipsis 19:1).

Aleluya como estilo de vida está basado en la verdad cardinal de Romanos 8:28: *"Y sabemos que a los que aman a Dios, todas las cosas les ayudan a bien, esto es, a los que conforme a su propósito son llamados"*. Es proclamar confiadamente aleluya en medio de las dificultades, los problemas, y creer enfáticamente que *"todas las cosas"* son para nuestro bien y para la gloria de Dios.

La esposa de un predicador pionero en Oregón decía aleluya cada vez que pasaba por delante de su refrigerador, casi siempre vacío. Dios lo llenaba y lo mantenía lleno mientras ella practicaba el aleluya como un estilo de vida.

Una vendedora cristiana, trabajando por comisión en una prestigiosa tienda en Seattle, escuchó la historia del refrigerador vacío. Inspirada, esta señora comenzó a decir un callado aleluya cada vez que hacía una venta y cada vez que pasaba por la caja registradora. Sus ventas se dispararon, y le daba gracias a Dios, junto a sus aleluyas, en cada viaje hacia la caja registradora.

Un carpintero sin empleo en Regina, Saskatchewan, inmediatamente consiguió un trabajo cuando comenzó a practicar el estilo de vida aleluya. Un hombre en Tulsa, Oklahoma, fue despedido de una gran fábrica, tomó la posición de fe del estilo de vida aleluya y, por un milagro, encontró un puesto de trabajo.

Aleluya como estilo de vida es obedecer 1 Tesalonicenses 5:18: *"Dad gracias en todo, porque esta es la voluntad de Dios para con vosotros en Cristo Jesús"*. Es gritar aleluya en medio de cada circunstancia de la vida que se nos presente, ya sea buena o mala.

El estilo de vida aleluya es seguir los ejemplos de aquellas personas en la Biblia que, alabando a Dios, triunfaron ante la derrota segura. Piense en Jonás cuando le tragó el pez, los israelitas marchando alrededor de Jericó, Judá rodeada por tres ejércitos, y Pablo y Silas encarcelados en la cárcel de Filipos.

¿Hay alguna magia en la palabra *aleluya*? No. Dirigida a Dios con la fe de un niño, simplemente significa "Alabado sea el Señor". Es tomar una actitud valiente de fe de que Dios está en todo, sobre todo, y habita en las alabanzas de su pueblo. (Véase Salmos 22:3).

E. W. Kenyon

"PEDID, Y SE OS DARÁ"

"Pedid, y se os dará; buscad,
y hallaréis; llamad, y se os abrirá".
—Mateo 7:7

Pedid, y se os dará" tiene un sonido de finalidad, y también de realidad. Es la voz de Dios en los labios del Maestro, Jesús. Lo que Él dice, es. Jesús dijo: *sucederá,* y lo que Él dijo que sucederá, es.

Cuando su corazón se acostumbra a la realidad de la Palabra, la fe se convierte en una fuerza inconsciente que actúa en usted. No tiene que pensar en hacer que sus dedos actúen cuando desea agarrar un libro. Su mano se estira instintivamente, lo agarra y lo acerca hacia usted. De igual modo, no tiene que pensar en la fe. La fe funciona de manera inconsciente.

Jesús nunca fue más consciente de su fe que de su justicia. Él era el autor y consumador de la fe aún cuando caminaba por las orillas de Galilea.

Nosotros somos los hijos de fe. Nunca deberíamos ser conscientes de ello, nunca pensar en ello, nunca sentir la necesidad de ello. Un niño no siente la necesidad de tener fe en su padre o su madre. Se debe producir una gran calamidad para que eso suceda, y cuando un niño no siente la necesidad de la fe en sus padres, algo inexplicable ha ocurrido que le ha dejado totalmente desprovisto de fe y ha destruido eso que Dios y la naturaleza plantaron en él.

Mediante el nuevo nacimiento, usted llega a la familia. Por lo tanto, ya no es un problema de fe, sino meramente un problema de familiarizarse con el Padre y vivir en comunión con el Maestro, hasta que esta fe se convierta en algo inconsciente que surge de esta comunión consciente.

El problema es que hemos hecho de esta relación una religión, y nuestra redención es algo teórico en lugar de ser una realidad. Pero Jesús dijo que *sucederá,* y así es. Podemos descansar tranquilamente en su Palabra.

RETICENCIA Y RETRAIMIENTO

"El temor del hombre pondrá lazo".
—Proverbios 29:25

Ser reticente y retraído es temor y una falta de valor que raya la cobardía. ¿Cuáles son los síntomas? Usted va a ser usado por Dios, pero teme la opinión que la gente vaya a tener de usted. Va a hablar de Jesús, pero se siente acorralado por el temor al hombre. Trata de ser valiente usando el nombre de Jesús, pero se retrae porque teme el fracaso, o que alguien le critique. Le encantaría poner las manos sobre los enfermos para que se recuperen, pero se aparta porque le da miedo que le tachen de "sanador" o fanático. Dios advierte: *"Mas el justo vivirá por fe; y si retrocediere, no agradará a mi alma"* (Hebreos 10:38).

De niño, yo sufría de reticencia y retraimiento. El primer día que entré en la escuela, estuve todo el día con la cabeza sobre mi pupitre, porque no quería mirar a los demás niños, ni que ellos me mirasen a mí. Cuando llegaban visitas a nuestra casa, me escondía en un rincón o debajo de la cama, para no tener que saludar a extraños. ¡Qué complejos! ¡Pero qué reales eran! Había luchado toda mi vida con la tendencia a evitar mirar a los ojos a la gente, probablemente otro síntoma de este mal de la reticencia y el retraimiento. Cuando fui elegido presidente del cuerpo estudiantil de mi instituto, balbuceaba las palabras al dirigirme a esos estudiantes reunidos que me suponían una total agonía. También, he tenido que luchar con una actitud extremadamente sensible a agradar al hombre.

Pero Dios me ha ayudado. Soy deudor de todos los que están cautivos de este mal de reticencia y retraimiento. Tomo las palabras que Dios le dio a Moisés. *"Ahora pues, ve, y yo estaré con tu boca, y te enseñaré lo que hayas de hablar"* (Éxodo 4:12). Dios prometió estar con mi boca, así como estuvo con la boca de Moisés. Aprendí a hablar con libertad, en vez de hablar dubitativo y vacilante.

Estas son oraciones clave que he empleado para vencer la reticencia y el retraimiento. Diariamente hago una ferviente oración, la misma oración que Dios respondió de forma tan poderosa a los primeros cristianos: *"Y ahora, Señor, mira sus amenazas, y concede a tus siervos que con todo denuedo hablen tu palabra, mientras extiendes tu mano para que se hagan sanidades y señales y prodigios mediante el nombre de tu santo Hijo Jesús"* (Hechos 4:29–30). Otra fuerte oración: *"Y por mí, a fin de que al abrir mi boca me sea dada palabra para dar a conocer con denuedo el misterio del evangelio, por el cual soy embajador en cadenas; que con denuedo hable de él, como debo hablar"* (Efesios 6:19–20). Esto me ha dado autoridad para hablar de Dios con denuedo. ¡Qué contraste con estar gobernado por la reticencia y el retraimiento y sus hábitos de conversación dubitativos y característicamente negativos!

Le desafío: acabe con la reticencia y el retraimiento (temor y cobardía). La vida es demasiado corta como para vivirla atado por el temor a las opiniones de los hombres. Cuando Dios desea fluir a través de usted en uno de los dones del Espíritu Santo, o ser usado por Él en un ministerio sobrenatural a los oprimidos, permita sin temor que Dios le use.

Cuando me he visto ante multitudes de miles de personas noche tras noche en India en nuestras cruzadas, qué agradecido estaba de que Dios me hubiera librado de la reticencia y el retraimiento. Cuanto más fuerte es mi fe, mayores son las victorias de salvación de multitudes y sanidades de los enfermos.

Le encomiendo: deshágase de la reticencia y el retraimiento. Dios no le ha dado el espíritu de temor, sino de poder, de amor y de dominio propio. (Véase 2 Timoteo 1:7). Hay un versículo en contra del temor para cada día del año. Fortifíquese con estas palabras: *"Porque él dijo: No te desampararé, ni te dejaré; de manera que podemos decir confiadamente: El Señor es mi ayudador; no temeré lo que me pueda hacer el hombre"* (Hebreos 13:5–6). Ame a los hermanos. Honre a todos los hombres, pero nunca tema a ningún hombre, ni a lo que el hombre pueda hacerle.

Lo que confiesa es lo que obtiene. Lo que usted es, eso obtiene. Dígalo confiadamente. "Dios me libera de todo espíritu de temor. Ya no estoy atado por las opiniones de los hombres. Soy libre en Jesús. Haré confiadamente la voluntad de Dios para mi vida. Seré valiente al ser usado por Dios. Con toda confianza ministraré en el nombre de Jesús, ningún hombre lo impedirá. ¡El temor no tiene cabida en mi corazón!".

PARTE III:

Palabras que producen sanidad

Don Gossett

EL ALFABETO DE UNA VIDA ATREVIDA

Lo siguiente es lo que yo llamo mi "Alfabeto de una vida atrevida". Cubre muchos versículos que son nuestros puntos de apoyo para vivir bíblicamente con osadía. Apréndaselos y permítales convertirse en parte de su corazón. ¡Después vaya a hacer hazañas para Dios!

A: *"Acerquémonos, pues, confiadamente al trono de la gracia"* (Hebreos 4:16).

B: *"… Boca me sea dada palabra para dar a conocer con denuedo el misterio del evangelio… que con denuedo hable de él, como debo hablar"* (Efesios 6:19–20).

C: *"Celoso de buenas obras"* (Tito 2:14).

D: *"Denuedo en nuestro Dios"* (1 Tesalonicenses 2:2).

E: *"En nada seré avergonzado; antes bien con toda confianza, como siempre, ahora también será magnificado Cristo en mi cuerpo, o por vida o por muerte"* (Filipenses 1:20).

F: *"Fiel es el Señor a su palabra y bondadoso en todas sus obras"* (Salmos 145:13, NVI).

G: *"Gozo de Jehovah es vuestra fuerza"* (Nehemías 8:10).

H: *"Hablaba denodadamente en el nombre del Señor"* (Hechos 9:29).

I: *"¿… Ignoráis que vuestro cuerpo es templo del Espíritu Santo, el cual está en vosotros, el cual tenéis de Dios, y que no sois vuestros? Porque habéis sido comprados por precio"* (1 Corintios 6:19–20).

J: *"Justo está confiado como un león"* (Proverbios 28:1).

K: *"No nos cansemos, pues, de hacer bien; porque a su tiempo segaremos ["kairos," en griego], si no desmayamos"* (Gálatas 6:9).

L: *"Llenos del Espíritu Santo, y hablaban con denuedo la palabra de Dios"* (Hechos 4:31).

M: *"Mucha franqueza tengo con vosotros"* (2 Corintios 7:4).

N: *"No apaguéis al Espíritu"* (1 Tesalonicenses 5:19).

O: *"Obedecer a Dios antes que a los hombres"* (Hechos 5:29).

P: *"Pues mirad, habla públicamente"* (Juan 7:26).

Q: *"Que con todo denuedo hablen tu palabra"* (Hechos 4:29).

R: *"Resueltamente"* (Romanos 10:20).

S: *"Seáis investidos de poder desde lo alto"* (Lucas 24:49).

T: *"Teniendo libertad para entrar en el Lugar Santísimo por la sangre de Jesucristo"* (Hebreos 10:19).

U: *"Ustedes se salvarán sólo si regresan a mí y descansan en mí. En la tranquilidad y en la confianza está su fortaleza; pero no quisieron saber nada de esto"* (Isaías 30:15, NTV).

V: *"Viendo el denuedo de Pedro y de Juan... reconocían que habían estado con Jesús"* (Hechos 4:13).

W: "[Hablar] *con denuedo* ["Wax bold," en la versión en inglés King James Bible]" (Hechos 13:46).

X: *"¿Quién expresará las poderosas obras de Jehová? ¿Quién contará sus alabanzas?"* (Salmos 106:2).

Y: *"Y conoceréis la verdad, y la verdad os hará libres"* (Juan 8:32).

Z: *"El eterno Dios es tu refugio, y acá abajo los brazos eternos"* (Deuteronomio 33:27).

E. W. Kenyon

COOPERACIÓN DIVINA

"Porque Dios es el que en vosotros produce".
—Filipenses 2:13

El sentimiento de cansancio mental es común en todos los que usan el cerebro. Es común en todos los que llevan cargas, ya sea una madre, o un taquígrafo, un mecánico o el director de una gran empresa.

El sentimiento de cansancio mental es ese periodo en que el cerebro casi deja de funcionar. En estos tiempos de mucha presión, esos periodos se producen con demasiada frecuencia.

¿Tenemos alguna forma de entrar en contacto con un río refrescante de inspiración y vida, salud y fortaleza? ¡Sí! Y creemos que lo hemos encontrado. Como Cristo vino a nosotros para hacer de nuestro cuerpo su casa, ha venido con una frecuencia cada vez mayor la conciencia de su capacitación, de su obra y fortaleza duradera.

Cuando aprendemos el secreto de depender de Aquel que ha venido para quedarse con nosotros, descubrimos la fuente eterna de juventud mental y espiritual. Esa fuente de juventud eterna es el *"Dios... que en vosotros produce"*.

No importa lo cansado que esté, puede sintonizar con Él. Usted puede apagar, y Él puede encender. Él ocupará su lugar y pensará en usted y por usted. La energía vibrante y la mente clara de Él pueden ocupar el lugar de su mente cansada y saturada. Dentro de usted está esta fuerza vital viva que reclama el derecho a pensar a través de sus facultades y de revelarse a través de sus facultades. Cristo desea destapar los sueños y propósitos de Dios en usted.

Cuando tenga el sentimiento de limitación, descanse en Él. Invítele a la escena. Aprenda, en todo lo que está haciendo, a poner la carga sobre Él. Aprenda a confiar en la energía de Él cuando tenga que pensar, cuando tenga que planificar, para recibir fortaleza física.

Su mayor sabiduría y capacidad están ahí. Su paciencia, su firmeza, su sabiduría y su valentía invencible están ahí. Él puede hacer real en su vida su sueño de siempre. Aprenda a depender de Él.

¿Usted pregunta cómo? Para el siguiente esfuerzo mental, la siguiente carga, la siguiente decisión que tenga que tomar, clame a Él. Clame en este sentido y sepa a ciencia cierta que Él está en usted y está dispuesto a cooperar con usted.

Clame a Él. Permítale saber que está descansando en Él para recibir valor, fortaleza, sabiduría y calma. Tan solo diga: "Estoy esperando que si he perdido mi valor y determinación, será una oportunidad para que tú me muestres tu fuerza y capacidad en mí".

Descanse en el reposo de Él; sea fortalecido tanto en la fuerza de Él y sostenido en su poder para sostener que viva su vida con gozo. Afronte sus problemas con la seguridad de la victoria. Usted sabe que no puede fallar, porque Aquel que no falla es su todo en todo. Debajo están los brazos eternos y detrás están los infinitos recursos de Dios. Él no permitirá que usted falle, y con gozo puede hacer frente a cada problema. Verá las circunstancias y se reirá de ellas. Mirará a su entorno y sonreirá al ver cómo se derrite en la presencia del Omnipotente.

Bendito el varón que confía en Jehová, y cuya confianza es Jehová.

(Jeremías 17:7)

Don Gossett

LOS DICHOS SUAVES SON MEDICINA PARA LOS HUESOS

"Panal de miel son los dichos suaves;
suavidad al alma y medicina para los huesos".
—Proverbios 16:24

Los dichos suaves agradan a Dios. Las palabras que agradan a Dios están en armonía con sus propias palabras, y ellas son lo que Él quiere que hablemos.

Dios declara: *"El que sacrifica alabanza me honrará"* (Salmos 50:23). Los dichos suaves, palabras que agradan a Dios, son palabras de alabanza y palabras dichas en armonía con la Palabra. Estas palabras agradables de alabanza producen beneficios de salud. Cuando la alabanza se convierte en un estilo de vida, Dios es honrado y manifiesta los beneficios de su salvación. ¡La salvación incluye sanidad!

Satanás el opresor (véase Hechos 10:38) es el causante de nuestros problemas de salud y molestias mentales. Pero Satanás es alérgico a la alabanza; así que donde hay una alabanza suprema y triunfante, Satanás se queda paralizado, atado y alejado. La alabanza produce la atmósfera donde reside la presencia de Dios. (Véase Salmos 22:3). Por lo tanto, la alabanza es el escudo más eficaz contra Satanás y sus ataques. La alabanza es la señal para Satanás de su derrota; es el arma más devastadora que podemos usar en nuestro conflicto con él.

Cuando David Wilkerson estaba en la primera parte de su obra entre las pandillas de la ciudad de Nueva York, se encontró con un grupo de chicos en una esquina. Al acercarse a ellos, había señales de que estaban preparados para atacar. Buscando la guía del Señor, David siguió avanzando. En el instante en que ellos estaban situados para golpear, David de repente batió sus manos y gritó: "Gloria al Señor". Toda la pandilla rompió filas y huyó. La única explicación posible para la acción es que esos chicos estaban guiados por espíritus malignos que tuvieron pánico ante el grito de alabanza. Las palabras agradables de alabanza declaradas por David demostraron ser literalmente ¡medicina para sus huesos!

"Panal de miel son los dichos suaves; suavidad al alma y medicina para los huesos" (Proverbios 16:24). El reverso de este versículo sería: "Los dichos desagradables son amargura, rencor, malicia, devastación al alma y destrucción para los huesos y el bienestar".

Las palabras suaves no son solo bonitas finuras. Las palabras agradables son poderosas, porque están en armonía con el cielo, administran beneficios para la salud, ¡y se caracterizan por mucha alabanza!

Don Gossett

EL SEÑOR ES LA FORTALEZA DE MI VIDA

El Señor es la fortaleza de mi mente; así que hoy tengo pensamientos buenos y saludables. Pienso en esas cosas que son verdaderas, honestas, justas, puras, buenas y de buen nombre. (Véase Filipenses 4:8). Una mente fuerte es una mente positiva, la mente de Cristo. Y "[yo tengo] *la mente de Cristo*" (1 Corintios 2:16).

El Señor es la fortaleza de mis oídos, así que hoy oiré bien. Siete veces en Apocalipsis 2 y 3 aparece el mandato: *"El que tiene oído, oiga lo que el Espíritu dice"*. Más importante aún, con mi mente renovada, cuerda, fuerte, oigo lo que el Espíritu me dice.

El Señor es la fortaleza de mis ojos, así que hoy tengo una buena visión. Veo a otros a través de unos ojos de amor, ternura y buena voluntad.

El Señor es la fortaleza de mi boca, así que hablo esas palabras que edifican, que ministran gracia a los que me oyen. Isaías 50:4: *"Jehová el Señor me dio lengua de sabios, para saber hablar palabras al cansado; despertará mañana tras mañana, despertará mi oído para que oiga como los sabios"*. Refreno mi boca de hablar palabras negativas, destructivas, corruptas, críticas, rudas o desagradables.

El Señor es la fortaleza de mi corazón, así que tengo un buen latido para hoy. Mi oración es: "Señor, sé tú la fortaleza de mi corazón físico, mientras te sirva en esta tierra. Sí, setenta años y si lo permite la fuerza, ochenta años o más". Oh corazón, haz tu buena obra para este día.

El Señor es la fortaleza de mis manos, así que cualquier cosa que hagan mis manos, lo harán con toda su fuerza.

El Señor es la fortaleza de cada órgano, tejido, hueso, fibra, nervio y célula de mi cuerpo. El Señor es la fortaleza de mi vida desde la coronilla de mi cabeza hasta la punta de mis pies.

El Señor es la fortaleza de mi vida, de toda mi vida: espíritu, alma y cuerpo. Él infunde fortaleza en el hombre oculto del corazón.

Mis afirmaciones para hoy:

Mas el pueblo que conoce a su Dios se esforzará y actuará.
(Daniel 11:32)

Jehová dará poder a su pueblo; Jehová bendecirá a su pueblo con paz. (Salmos 29:11)

Todo lo puedo en Cristo que me fortalece. (Filipenses 4:13)

El gozo de Jehová es [mi] *fortaleza.* (Nehemías 8:10)

Y como [mis] *días serán* [mis] *fuerzas.* (Deuteronomio 33:25)

Porque cuando soy débil, entonces soy fuerte.
(2 Corintios 12:10)

Afirmo esto cinco veces:

"El Señor es la fortaleza de mi vida".

"El Señor es la fortaleza de mi vida".

"El Señor es la fortaleza de mi vida".

"El Señor es la fortaleza de mi vida".

"El Señor es la fortaleza de mi vida".

Pienso en la fortaleza. Creo en la fortaleza del Señor. Declaro fortaleza. Joel 3:10 dice: *"Diga el débil: Fuerte soy".* Confieso que soy fuerte. A menudo digo: "Fortaleza, fortaleza, fortaleza", cuando declaro la Palabra a mi espíritu. Gloria al Señor.

IMAGINE ESTA ESCENA EN EL CIELO

Me imagino al Padre preguntando: "¿Por qué está llorando esa mujer ahí abajo?".

Uno de los ángeles responde: "Está intentando conseguir su sanidad".

Entonces el Padre se gira hacia Jesús y dice: "¿Acaso no llevaste sus enfermedades?".

Jesús contesta: "Sí, las llevé".

"Entonces, ¿cuál es el problema?".

Un ángel toma la palabra y dice: "Ella no sabe que ha sido sanada".

Cuando usted ocupa su lugar como hijo o hija de Dios y toma lo que le pertenece, es cuando llega. Usted no tiene que estar enfermo. No tiene que permanecer en pobreza y necesitado. Si se queda ahí, es porque se ha educado a usted mismo para quedarse ahí. Filipenses 4:19 dice: *"Mi Dios, pues, suplirá todo lo que os falta"*.

Usted dice: "Eso es cierto", y sigue viviendo en pobreza. Habla de su debilidad y su falta de fuerzas. Habla de su enfermedad.

Su Palabra no puede fallarle si usted actúa en base a ella y habla de ella. Ninguna palabra de Dios carece de poder. Debe decir: "Lo que la Biblia dice es cierto", y después actuar como si lo fuera, en vez de repudiarla con sus acciones. Si le duele algo, puede decir en su angustia: "Padre, ¿qué significa esto?". Pero debería evitar por todos los medios tenerlo. Debe reprenderlo con valentía en el nombre de Jesucristo, y se tiene que ir.

Hasta que la Palabra sea algo vivo para nosotros, siempre estaremos buscando nuestra sanidad. No significa que debamos intentar creer la Palabra. Usted no intenta creer la verdad. Es como una mujer cuyo esposo es un borracho. Ella intenta creer en su esposo, aunque sabe que le miente. ¿Es así Dios? Es blasfemo hablar así. Es como un niño que dice de su padre que nunca le ha mentido: "Estoy intentando creer a mi padre".

Esta es la Palabra viva que no puede fallar. Ninguna Palabra de Dios puede fallar. Usted no tiene que intentar creer en su Palabra.

Juan 15:7 dice: *"Si permanecéis en mí, y mis palabras permanecen en vosotros, pedid todo lo que queréis, y os será hecho".*

Uno se apropia de esa escritura. No necesita ningún otro versículo.

También, puede fustigar al diablo con esto: *"Hasta ahora nada habéis pedido en mi nombre; pedid, y recibiréis, para que vuestro gozo sea cumplido"* (Juan 16:24). Esto funciona con las finanzas, deudas, enfermedades: *con todo.*

Comencemos a actuar como si esta Palabra fuera cierta. Su Palabra no puede fallarle al hombre que la pone por obra.

Don Gossett

ALEGRÍA: UN SECRETO PARA LA FORTALEZA

Mayor que ningún placer humano o felicidad es el gozo del Señor. Los cristianos felices son el mejor anuncio del cristianismo. Los cristianos gozosos siempre han supuesto un desafío y testimonio para un mundo quebrantado.

La felicidad es el producto de nuestros entornos. Es lo que satisface los sentidos. Las cosas materiales que nos producen la felicidad pueden desaparecer en cualquier instante, dejándonos desolados.

El gozo pertenece al mundo espiritual así como la felicidad pertenece al mundo de los sentidos. Cuando un cristiano no está gozoso, es o bien por una ruptura de la comunión o por falta de conocimiento de lo que él es en Cristo. Es este gozo inexplicable lo que le hace triunfar sobre las pequeñas pruebas de la vida, y ser un vencedor en las pruebas que pudieran venir.

Juan dijo que el propósito de nuestra vida de comunión era que tuviéramos plenitud de gozo. (Véase 1 Juan 1:3–4). El gozo no puede estar completo sin una comunión completa. Es este gozo del cristianismo lo que hace al cristianismo lo más atractivo del mundo. Cuando el gozo se va, la Palabra pierde su poder, su frescura y su riqueza. Es solo cuando la comunión está en marea creciente y su corazón lleno de gozo cuando Dios recibe la honra y las almas se salvan.

La comunión, en su plenitud, es el gozo de la vida con la válvula reguladora abierta al máximo en una pendiente. Sí, este gozo del Señor es una de las cosas más grandes que recibimos en el nuevo nacimiento. Hace que los problemas nos suelten; hace que la pobreza pierda su terror. Recuerde que Jesús dijo: *"Si guardareis mis mandamientos, permaneceréis en mi amor; así como yo he guardado los mandamientos de mi Padre, y permanezco en su amor. Estas cosas os he hablado, para que mi gozo esté en vosotros, y vuestro gozo sea cumplido"* (Juan 15:10–11).

De nuevo, consideremos la diferencia entre el gozo y la felicidad. Debemos desear ambas, pero es mucho más importante tener gozo que una mera felicidad terrenal. La felicidad depende de las cosas que tenemos o poseemos, como propiedades o seres queridos. Pero el gozo es algo del espíritu. Es un pozo en el espíritu que brota y se desborda. Es lo que viene como resultado de la obra del Espíritu en nuestras vidas.

Leemos que los mártires tuvieron un gozo inexplicable incluso cuando morían en agonía física. Provocó que las multitudes que se amotinaban y los hombres que se quedaban perplejos dijeran: ¿Cómo es posible que estén tan llenos de gozo cuando saben que la muerte está cerca?

He visto a muchos cristianos que pasaban por profundas penas guardados por este gozo inextinguible.

En años de evangelismo, he observado que el gozo es el verdadero secreto del evangelismo. En nuestras reuniones, he observado que es el testimonio vivo y gozoso lo que mueve a la gente. Es la persona que está tan llena de gozo que apenas puede hablar, mientras las lágrimas recorren sus mejillas, la que mueve a la gente. Sí, es sin duda el gozoso testimonio lo que toca los corazones.

Cuando proclamamos la Palabra con seguridad y gozo, produce convicción a los oyentes. Cuando la Palabra se convierte en algo más real para usted que cualquier otra palabra que jamás haya hablado el hombre, sus labios se llenan de risa, su corazón se llena de gozo y usted tiene una vida cristiana victoriosa.

Cuántas veces he visto que el testimonio dubitativo es un precursor del fracaso, y el testimonio gozoso es un precursor de la victoria. Los cristianos son solo tan fuertes como llenos están del gozo del Señor. Una iglesia es solo tan fuerte e influyente para Cristo en una comunidad como llena está de un verdadero gozo del Señor. ¿Por qué? *"El gozo de Jehová es vuestra fortaleza"* (Nehemías 8:10). Cuando las personas se quejan de falta de fortaleza, o hablan de lo débiles que son, a menudo su verdadera carencia es el gozo del Señor.

Cuando los israelitas regresaron de Babilonia para reconstruir los muros de Jerusalén, Nehemías descubrió que muchos de ellos estaban lamentándose y llorando, algunos estaban sufriendo enfermedades y otros estaban débiles y malnutridos. También estaban afligidos, derrotados y desalentados. Pero Nehemías le pidió ayuda a Dios para su pueblo, y Dios les dio el mensaje a través de su líder: *"Día santo es a Jehová nuestro Dios; no os entristezcáis, ni lloréis; porque todo el pueblo lloraba... no os entristezcáis, porque el gozo de Jehová es vuestra fuerza"* (Nehemías 8:9–10).

¡*"El gozo de Jehová es vuestra fortaleza"*! Esta fue la respuesta de Dios para Israel entonces, y es la respuesta de Dios para nosotros hoy.

El gozo del Señor no es tan solo un subproducto que el Señor nos da. Es, de hecho, el gozo del Señor. No es un atributo egoísta querer estar lleno del gozo del Señor. Cristo mismo *"por el gozo puesto delante de él sufrió la cruz, menospreciando el oprobio, y se sentó a la diestra del trono de Dios"* (Hebreos 12:2).

El gozo del Señor es nuestra fortaleza, y es una característica vital para recibir y mantener una buena salud. Este gozo no es solo nuestra fortaleza espiritualmente, sino que también nos ministra fortaleza física y mental.

LA CURA DE DIOS PARA SU AFÁN

La Biblia es un libro de curas para todas las enfermedades. De hecho, la gran salvación que Jesús proporcionó ofrece una cura para todo lo que el diablo le haya podido hacer jamás.

En primer lugar, permítame decir que hay enfermedades del espíritu así como del cuerpo. Muchas de estas enfermedades espirituales pueden, si no se curan pronto, convertirse en enfermedades físicas. A continuación tiene algunas de estas "enfermedades" espirituales y la "receta" bíblica para ellas.

Preocupación. Multitudes de personas pasan por la vida preocupándose sin necesidad. La preocupación no le ayudará. La preocupación nunca resolvió ningún problema, ni pagó ninguna factura ni sanó enfermedad alguna. Jesús preguntó: *"¿Y quién de vosotros podrá, por mucho que se afane, añadir a su estatura un codo?"* (Mateo 6:27). En otras palabras, ¿qué conseguirá preocupándose? Jesús dijo: *"No os afanéis por vuestra vida, qué habéis de comer o qué habéis de beber; ni por vuestro cuerpo, qué habéis de vestir. ¿No es la vida más que el alimento, y el cuerpo más que el vestido?"* (Mateo 6:25). Después dio la cura segura para la preocupación: *"Mas buscad primeramente el reino de Dios y su justicia, y todas estas cosas os serán añadidas"* (Mateo 6:33). Cuando su corazón está fijo en las cosas del Espíritu, puede estar seguro de que Dios suplirá todas sus necesidades.

Culpa. ¿Está agobiado por sentimientos de culpa? ¿Está llevando sobre sí una carga de pecado? Si su vida está llena de pecado, si su corazón no está bien con Dios, también hay una cura para eso. *"La sangre de Jesucristo su Hijo nos limpia de todo pecado… Si confesamos nuestros pecados, él es fiel y justo para perdonar nuestros pecados, y limpiarnos de toda maldad"* (1 Juan 1:7, 9). *"Bienaventurado aquel cuya transgresión ha sido perdonada, y cubierto su pecado"* (Salmos 32:1).

Confiese sus pecados hoy y acepte el perdón de Cristo para su vida. Entonces podrá vivir una vida libre de la condenación de la culpa del pecado.

Nerviosismo. Si sufre de nerviosismo, es muy difícil que disfrute la vida al máximo. No está caminando en el gozo que Dios tiene para usted.

¿Le asustan sus problemas? ¿Ciertas personas o situaciones le causan ansiedad que produce nerviosismo? Vuelva a leer una y otra vez el Salmo 91, que comienza así: *"El que habita al abrigo del Altísimo morará bajo la sombra del Omnipotente"* (Salmos 91:1). No estará nervioso y desanimado si aprende a habitar bajo el abrigo de Dios. Según aprenda a vivir en presencia de Dios, disfrutará de su gozo perfecto: *"En tu presencia hay plenitud de gozo; delicias a tu diestra para siempre"* (Salmos 16:11).

Insomnio. ¿Le afecta la falta de sueño? Es impactante conocer el gran número de personas que se ven privados del sueño cada noche. Permítame recetarle Salmos 4:8: *"En paz me acostaré, y asimismo dormiré; porque solo tú, Jehová, me haces vivir confiado"*. ¿Acaso no es un versículo maravilloso? Acuéstese, y después, en el nombre de Jesús, puede dormir. Disfrute del descanso que Dios ha provisto para usted.

Otra promesa en su Palabra está en Salmos 127:2: *"Pues que a su amado dará Dios el sueño"*. Ya no tiene que recurrir a las pastillas para dormir, porque puede estar seguro de la Palabra del Señor para su sueño.

Los "bajones". ¿Alguna vez ha tenido un "bajón"? Esto no es otra cosa sino un espíritu de depresión y desánimo que le atenaza y le provoca pesadez de corazón. La próxima vez que se sienta así, lea Salmos 42:5: *"¿Por qué te abates, oh alma mía, y te turbas dentro de mí? Espera en Dios; porque aún he de alabarle, salvación mía y Dios mío"*. Una cura segura para un caso de bajones es cantar alabanzas a Dios.

Temor y ansiedad. Me ha sorprendido descubrir cuántos hijos de Dios están oprimidos por el temor. Cuando pensamos en el monstruo tan insidioso que es el temor, debemos buscar libertad de su poder destructor mirando en la Palabra de Dios.

El temor puede producir miseria, derrota, atadura y destrucción. *"El temor lleva en sí castigo"* (1 Juan 4:18). El temor produce de lo mismo, porque Job dijo: *"Porque el temor que me espantaba me ha venido, y me ha acontecido lo que yo temía"* (Job 3:25).

La Biblia no le llama a su temor una rareza mental sino que lo define como un espíritu. *"Porque no nos ha dado Dios espíritu de cobardía, sino de poder, de amor y de dominio propio*" (2 Timoteo 1:7). "*El temor del hombre pondrá lazo*" (Proverbios 29:25).

Confiese estas palabras con David: "*Jehová es mi luz y mi salvación; ¿de quién temeré? Jehová es la fortaleza de mi vida; ¿de quién he de atemorizarme?*" (Salmos 27:1). Si permite que el Señor sea su vida, su luz, su fortaleza y su salvación, no debe tener temor. ¿Qué puede dañarle si el Señor está con usted? ¿Quién puede hacerle algo si usted es un seguidor de Cristo? ¿Qué enfermedad o mal puede afectar a su vida si Cristo tiene el control? Sea libre del temor a la muerte, del temor a la enfermedad, del temor a la calamidad, del temor a hacerse mayor. En cualquier cosa que tema, dese cuenta de que Dios no le ha dado ese servil espíritu de temor. Viene del diablo, y en el nombre de Jesús puede echar fuera el espíritu de temor.

Dios sin duda tiene la cura para todo su afán. Nada puede quitarle la tranquilidad del bendito cuidado y la paz de Dios en su alma. Nada puede separarle de Dios. Nada puede quitarle sus bendiciones, su sanidad, y su liberación, si cree y obedece su Palabra.

¿SON LOS MILAGROS PARA NOSOTROS HOY?

Muchos creen que el tiempo de los milagros terminó con la iglesia apostólica, es decir, cuando murieron los apóstoles. Algunos se atreven a decir que los milagros terminaron alrededor del año 67 d.C. Pero Juan no escribió su Evangelio hasta el 95 al 105, o alrededor de ese periodo, y nos dio el maravilloso mensaje de Jesús con relación al uso de su nombre. Pero estas promesas no significarían nada si fuese cierto que los tiempos de los milagros terminaron con los días de los apóstoles.

No podemos creer que el Espíritu Santo inspiró a Juan a escribir el evangelio de Juan si no tenía aplicación para la iglesia. Creemos que los milagros le pertenecen a la iglesia mientras sea una iglesia.

Aquí tiene algunos hechos acerca de los milagros: cada nuevo nacimiento es un milagro, y un milagro mayor que la sanidad de una enfermedad. Cada oración contestada, una respuesta divina para el hombre, es un milagro. Los milagros son intervenciones divinas, las cuales dejan a un lado temporalmente las leyes de la naturaleza.

En nuestro ministerio, los milagros están a la orden del día. Hemos visto cánceres sanados, a veces de manera instantánea, así como úlceras, tumores, bocios, tuberculosis, enfermedades cardiacas y otras enfermedades, demasiado numerosas para mencionarlas. Si hay dolor, este desaparece. Si hay fiebre, se va del cuerpo. Estos son milagros. Incluso ha habido caso crónicos de mucho tiempo en los que personas han estado sufriendo durante años y son sanadas. Estos son milagros.

Cuando Jesús le dijo a Pedro que viniera a Él esa noche cuando caminaba por el mar, fue su invitación a caminar por las olas con Él. Del mismo modo, Él invita a cada creyente a entrar en la esfera de lo sobrenatural para caminar por las olas con Él.

Don Gossett

CÓMO PUEDE SER SANADO

Ahora que hemos hablado de la cura de Dios para las enfermedades "espirituales", veamos lo que tiene que decirnos su Palabra acerca de la sanidad de las enfermedades físicas.

En primer lugar, ¿es verdaderamente su voluntad que recibamos salud para nuestro cuerpo? Su voluntad está expresada en su Palabra, donde leemos: *"Amado, yo deseo que tú seas prosperado en todas las cosas, y que tengas salud, así como prospera tu alma"* (3 Juan 1:2). Nuestro Padre amoroso expresa sus deseos para nosotros en este dinámico versículo. Él desea que prosperemos y tengamos salud, así como prospera nuestra alma. Lo más importante, claro está, es asegurarse de que estamos prosperando en nuestra alma. Este es un requisito previo para la sanidad. La sanidad de nuestro cuerpo comienza con la sanidad de nuestra alma.

Prosperidad del alma significa confesar y olvidar todo pecado conocido. *"Si en mi corazón hubiese yo mirado a la iniquidad, el Señor no me habría escuchado"* (Salmos 66:18). *"El que encubre sus pecados no prosperará; mas el que los confiesa y se aparta alcanzará misericordia"* (Proverbios 28:13).

Leemos en Isaías 59:1–2:

He aquí que no se ha acortado la mano de Jehová para salvar, ni se ha agravado su oído para oír; pero vuestras iniquidades han hecho división entre vosotros y vuestro Dios, y vuestros pecados han hecho ocultar de vosotros su rostro para no oír.

A veces puede que no recibamos la sanidad no porque la mano de Dios se haya acortado ni porque se haya agravado su oído, sino porque el pecado ha provocado una ruptura en nuestra comunión con Él. Si es así, obedezca su Palabra, la cual dice: *"Si confesamos nuestros pecados, él es fiel y justo para perdonar nuestros pecados, y limpiarnos de toda maldad"* (1 Juan 1:9). Entonces estará en la actitud correcta para creer que Dios le sanará.

Como la sanidad comienza en el interior, consideremos otro versículo.

Y cuando estéis orando, perdonad, si tenéis algo contra alguno, para que también vuestro Padre que está en los cielos os perdone a vosotros vuestras ofensas. Porque si vosotros no perdonáis, tampoco vuestro Padre que está en los cielos os perdonará vuestras ofensas.
(Marcos 11:25–26)

Antes de que sus oraciones por sanidad sean efectivas, debe asegurarse de que no tiene rencor ni falta de perdón hacia otra persona. Pregúntese: ¿He permitido que una ofensa cause resentimiento en mi corazón? ¿Quizá albergo sin saberlo algo contra alguien? Si es así, sus oraciones por sanidad no serán respondidas. Clame a Dios y dependa de su gracia infalible para que pueda perdonar cualquier ofensa cometida contra usted.

La sanidad comienza en el interior con una limpieza espiritual.

Examíname, oh Dios, y conoce mi corazón; pruébame y conoce mis pensamientos; y ve si hay en mí camino de perversidad, y guíame en el camino eterno. (Salmos 139:23–24)

¿Quién podrá entender sus propios errores? Líbrame de los que me son ocultos. Preserva también a tu siervo de las soberbias; que no se enseñoreen de mí; entonces seré íntegro, y estaré limpio de gran rebelión. Sean gratos los dichos de mi boca y la meditación de mi corazón delante de ti, Oh Jehová, roca mía, y redentor mío.
(Salmos 19:12–14)

Podría ser que una mala confesión esté provocando su caída espiritualmente y físicamente. Puede decidir como David: *"Atenderé a mis caminos, para no pecar con mi lengua"* (Salmos 39:1).

Podría ser que sus palabras necesiten limpieza porque su corazón necesita limpieza. Jesús dijo: *"De la abundancia del corazón habla la boca"* (Mateo 12:34). Busque del Señor un corazón limpio, y después sus palabras serán puras y edificantes, ministrando gracia a los oyentes. (Véase Efesios 4:29).

Las palabras que hablamos tienen mucha importancia para decidir si tenemos sanidad y salud o enfermedad y dolencia. Jesús dijo: *"Lo que diga le será hecho"* (Marcos 11:23). Si siempre estamos pensando en nuestros dolores y achaques, entonces dolores y achaques será lo que tendremos. Pero si hablamos de la bondad del Señor, alabándole por su poder sanador, podemos disfrutar de salud divina.

Nuestra lengua decide si tenemos salud o enfermedad. *"La lengua de los sabios es medicina"* (Proverbios 12:18). Si disciplinamos nuestra lengua para confesar: *"Por sus llagas he sido curado"* (véase Isaías 53:5), entonces nuestra lengua es el instrumento de salud.

"Panal de miel son los dichos suaves; suavidad al alma y medicina para los huesos" (Proverbios 16:24). Los dichos suaves, palabras agradables a Dios, ministran sanidad al creyente.

"La muerte y la vida están en poder de la lengua" (Proverbios 18:21). La lengua puede producir muerte. ¿Cómo? *"Te has enlazado con las palabras de tu boca, y has quedado preso en los dichos de tus labios"* (Proverbios 6:2). Si habla palabras acerca de la enfermedad en vez de hablar del poder sanador de Dios, entonces sus labios son la trampa de su alma. (Véase Proverbios 18:7).

"La lengua apacible es árbol de vida" (Proverbios 15:4). Sabemos que el *"árbol de vida"* será para *"la sanidad de las naciones"* (Apocalipsis 22:2).

"La lengua de los sabios adornará la sabiduría" (Proverbios 15:2). Tenemos el pleno conocimiento de que las Escrituras enseñan sanidad. Por lo tanto, con nuestra lengua, lo afirmamos. *"Bendice, alma mía, a Jehová... que sana todas tus dolencias"* (Salmos 103:2–3). Con nuestra lengua siempre hablaremos las palabras de sanidad de Dios, *"porque son... medicina a todo su cuerpo"* (Proverbios 4:22).

La sanidad está basada en la obra consumada de Jesús en el Calvario.

Mas él herido fue por nuestras rebeliones, molido por nuestros pecados; el castigo de nuestra paz fue sobre él, y por su llaga fuimos nosotros curados. (Isaías 53:5)

Y cuando llegó la noche, trajeron a él muchos endemoniados; y con la palabra echó fuera a los demonios, y sanó a todos los enfermos; para que se cumpliese lo dicho por el profeta Isaías, cuando dijo: El mismo tomó nuestras enfermedades, y llevó nuestras dolencias. (Mateo 8:16–17)

Jesús compró nuestra sanidad a precio de gran sufrimiento. La tradición nos dice que el látigo con el que le laceraron era un arma horrible.

Había pequeños trozos de metal atados a cada una de las tiras de cuero. Los romanos que le azotaban con este látigo mortal sobrepasaron todos los demás métodos de castigo cruel. Fue mucho peor que la crucifixión misma. Era tan terrorífico, que el condenado a menudo moría mientras estaba siendo golpeado con este instrumento de tortura.

Las manos de nuestro Salvador estaban atadas por encima de su cabeza mientras un burlón soldado romano le azotaba cruelmente con el látigo. Treinta y nueve veces sus tiras dentadas se clavaron en su tierna carne. Se dice que sus costillas y los huesos de su espalda se podían ver. En esos 39 latigazos, que abrieron su espalda en canal, nuestro Señor llevó toda nuestra miseria, dolores y enfermedades. Sufrió la agonía de todas las enfermedades conocidas para que nosotros no tuviéramos que sufrir. Fue mediante esas heridas como la sanidad pasó a ser nuestra.

David Bush, un misionero en Japón, sufrió una enfermedad que ponía en peligro su vida. Mientras estaba en la cama con un gran dolor, leyó mi librito *The Stripes That Heal* [Las heridas que sanan]. Mientras leía estas verdades, reclamó su sanidad. A la mañana siguiente se levantó de su cama, completamente bien.

Nuestra autoridad para la sanidad está basada en lo que Cristo ha hecho, y podemos reclamarla en el nombre de Jesús. Conozca el valor de su confesión de fe. Declare confiadamente: "Por sus llagas he sido curado". Después, comience a hacer las cosas que no podía hacer antes. No dude en su fe, o no recibirá nada del Señor. (Véase Santiago 1:6–8). Resista al diablo en el nombre de Jesús. Siga alabando al Señor con todo su corazón, dándole gracias por sanarle.

DESCANSE EN JEHOVÁ

Descanso, en este sentido, significa tranquilidad. Un espíritu tranquilo, un espíritu reposado, un espíritu fiel puede hacer muchas cosas. Para que los seguidores de Cristo sean eficaces, deben estar tranquilos y reposados en su espíritu.

Guarda silencio ante Jehová, y espera en él. No te alteres con motivo del que prospera en su camino. (Salmos 37:7)

No preste atención a nadie o a nada. Tan solo descanse en el Señor.

Pacientemente esperé a Jehová, y se inclinó a mí, y oyó mi clamor. (Salmos 40:1)

Aquí está la tranquila confianza. Usted descansa en su palabra. Sabe cómo descansar en el doctor, y descansa en el banco. Ahora quiero que descanse en Jehová. Quiero que Jehová se convierta en su descanso y su confianza. *"Bendito el varón que confía en Jehová, y cuya confianza es Jehová"* (Jeremías 17:7). Eso es descanso.

Ahora estoy aprendiendo a descansar en la Palabra. Él dijo: *"Mi Dios, pues, suplirá todo lo que os falta conforme a sus riquezas en gloria en Cristo Jesús"* (Filipenses 4:19). Descanso sin temor en esta promesa. Salmos 46:1 dice: *"Dios es nuestro amparo y fortaleza, nuestro pronto auxilio en las tribulaciones".* Descanso en esa Palabra; depndo de ella. Y Proverbios 3:5 dice: *"Fíate de Jehová de todo tu corazón, y no te apoyes en tu propia prudencia".*

No descanse en ninguna otra cosa que no sea el Señor. Él no le puede fallar. El cielo y la tierra pueden pasar, pero su Palabra nunca fallará o será quebrantada. Él nunca le fallará.

Don Gossett

ALABE HATA CONSEGUIR
SU SANIDAD

La sanidad es el don de Dios. No es algo que se puede ganar o merecer. Primera de Corintios 12:9 incluye *"dones de sanidades"* entre los nueve dones del Espíritu. Dios ha puesto los dones de sanidad en la iglesia. Nadie puede eliminar estos dones.

La sanidad es nuestra porque es una provisión de la expiación de Cristo. *"Mas él herido fue por nuestras rebeliones, molido por nuestros pecados; el castigo de nuestra paz fue sobre él, y por su llaga fuimos nosotros curados"* (Isaías 53:5). Por lo tanto, es bíblico afirmar que fuimos sanados hace más de dos mil años, porque *"Jesucristo es el mismo ayer, y hoy, y por los siglos"* (Hebreos 13:8). La sanidad es una obra consumada, pagada por Cristo en el Calvario.

La sanidad es un don que nos apropiamos por la fe. Jesús a menudo les dijo a quienes ministraba: *"Tu fe te ha sanado"*. Es la fe lo que produce sanidad. El lenguaje de la fe es la alabanza.

Muchas personas carecen de la confianza para creer que pueden llegar a Dios. Puede que tengan confianza en la fe y las oraciones de otros, pero no tienen seguridad en su propia fe y oraciones.

William F. Burton, un misionero en el Congo, estaba afectado por un cáncer y fue totalmente sanado cuando dijo: "Gracias, Jesús, por tus llagas he sido curado". Rosa Smith, una misionera en China, tenía unas feas pústulas de viruela por todo el cuerpo. El Señor le dio una visión de una cesta vacía. Le dijo que la llenara de alabanza y sería sanada. Ella alabó hasta que se llenó la cesta, después se fue a dormir y se despertó totalmente sanada. Otra señora, Connie, cuya sanidad milagrosa salió en el periódico, dijo: "Yo tan solo alabé al Señor hasta que mis pies fueron completamente sanados".

Los mayores errores que la gente comete al buscar la sanidad es rogar a Dios una y otra vez que lo haga, o intentar obtener la fe suficiente aunque Romanos 12:3 dice que *"conforme a la medida de fe que Dios repartió a cada uno"*.

Obtenemos la sanidad aceptando la Palabra de Dios como la voluntad de Dios y actuando en consecuencia alabándole. Recuerde: nuestra salvación y sanidad ya han sido provistas. No ayuda en nada rogarle a Dios que haga lo que claramente ya ha hecho. No tenemos que orar para que Jesús vuelva a ser azotado. Él ha terminado la obra. *"Y por cuya herida fuisteis sanados"* (1 Pedro 2:24). Lo único que necesitamos hacer es recibirlo por fe.

POR LO TANTO, SEA VALIENTE

Por quienes somos en Cristo, hay razón más que suficiente para vivir con valentía, para tener confianza, valor y denuedo. ¿Qué ganamos si somos temerosos, tímidos o nos sentimos inferiores? "Sea valiente, y grandes fuerzas vendrán en su ayuda", dijo un hombre sabio en tiempos pasados. En nuestro programa *Bold Bible Living*, no teorizamos vagamente acerca de vivir con valentía; sino que como Pablo en los tiempos del Nuevo Testamento, *"usamos de mucha franqueza"* (2 Corintios 3:12). Usamos la Palabra de Dios con un claro y resonante desafío: por lo tanto, ¡sea valiente! En Cristo usted tiene valentía; por lo tanto, ¡úsela! *"Así que, hermanos, teniendo libertad para entrar en el Lugar Santísimo por la sangre de Jesucristo"* (Hebreos 10:19).

La Biblia dice en Hechos 4:29–31:

> *Y ahora, Señor… y concede a tus siervos que con todo denuedo hablen tu palabra… y todos fueron llenos del Espíritu Santo, y hablaban con denuedo la palabra de Dios.*

El elemento de valentía en el cristiano no es un accidente. Tampoco es algo que conseguimos mediante el esfuerzo propio. Es una parte inherente del cristiano. Cristo nos ha vacunado con esta cualidad valiente y atrevida, por lo tanto, ¡sea valiente para ser valiente!

Use lo que Cristo ha puesto en usted. No hay lugar en la vida cristiana para la existencia convencional, tímida, que apenas si se puede mantener a flote, que algunos creen que representa el cristiano. Lea la Palabra de Dios, especialmente los cuatro Evangelios y el libro de Hechos, y verá que el llamado incesante de Cristo a sus discípulos fue traducir lo espiritual a una acción directa.

NUEVOS COMIENZOS

Otro año se ha escurrido en la noche del pasado. Me pregunto qué cantidad del mismo he perdido, ¿cuánto puedo sacar de él para que me ayude en los momentos difíciles de años venideros? Últimamente, he visto que el pasado o bien es un banco del que puedo conseguir comodidad, fortaleza y gozo, o es un duro recolector de alquileres ya vencidos desde hace mucho tiempo, indulgencias, o de tiempo y energía malgastados.

¿Es sabio mirar atrás a las ruinas del pasado, para llorar sobre los escombros chamuscados de fracasos? Siento que no lo es; sin embargo lo hago. Pero he descubierto que al hacerlo, el corazón se calienta, los ojos se nublan, la sangre acelera su paso, al volver a vivir en los viejos campos de gozo o congoja.

Algunos de ustedes que leen esto han pasado por las puertas del dolor y han caminado con la cabeza agachada y los ojos llenos de lágrimas por la larga isla con pasos medidos. Otros han pasado por portales de gozo, los pasillos han estado esparcidos de flores. Otros ha luchado batallas que nadie vio sino Dios y el tentador. Otros han hecho sacrificios que han llenado el cielo de fragancia, la tierra de bendiciones, mientras que sus bravos corazones han llorado y han cantado a solas. Algunos han enterrado algo más que amor mortal, han visto una luz tras otra irse, hasta que como el minero en las entrañas de la tierra cuya lámpara se ha apagado, han tropezado en la oscuridad, buscando la Luz. Han muerto las esperanzas antes de que las flores besaran el sol. Los espinos de amargura se han mantenido podados, para que otros no sufrieran. Se ven arrugas que solamente las noches llenas de tristeza causan. No temo las penas que caminan de día, pero ay de aquel a quien la pena muda le visita de noche.

Pero no todo es dolor; el gozo ha llegado a muchos. El amor ha construido su nido en muchos corazones desolados. El canto de esperanza se oyó donde la tristeza era más profunda. El año ha tenido grandes éxitos con gozo; corazones demasiado llenos de dicha como para funcionar en moldes antiguos han escrito nuevas canciones. Han sonado campanas de bodas. Han nacido bebés. La emoción del primer beso ha llegado, el primer abrazo largo y duradero, los gozos recién encontrados de santo amor. Sí, el año viejo ha enterrado en sus silenciosos dobleces muchas feas cicatrices. Heridas sanadas que creíamos que solo la gracia podría curar. Este año pasado empapado de lágrimas, a pesar de todo, ¡ha sido un amigo!

Cierto, los amantes han discutido; los corazones han sido azotados por la muerte; las vidas han sufrido infortunio; los hogares se han roto; los cuerpos se han deformado; los futuros han sido maldecidos. Sin embargo, donde ha destruido la envidia, el amor ha construido mansiones más grandes. Las flores crecen donde antes solo crecían las malas hierbas más feas. Las lágrimas han aflorado, sí, pero se desvanecieron en silencio ante la mayor presión de la vida interior. Son una válvula de seguridad del dolor, dulce alivio de las penas, lágrimas benditas.

Usted dice que ha habido errores. Sí, pero algunos no saben que los errores siempre se han usado para mezclar las pinturas que producen las grandes obras de arte. Los fallos son las vigas ocultas que sostienen las grandes vidas en su lugar. Es una pena que se conozca tan poquito de las cosas tan buenas que a menudo están envueltas en los productos colaterales del fracaso. Muchos de los mayores logros del hombre son éxitos de los fracasos. El error de Colón fue su éxito. El minero desesperado que lanzó su pico contra la roca enojado descubrió un filón de oro. Así ha sido en todas las edades. El dolor le ha aportado al cantante lo que no le pudo dar el ensayo. La condenada esperanza a menudo ha revelado dentro de su corazón abierto algo mayor. El orfebre, buscando su juventud perdida, llora de humillación. Después el genio moja su pluma en la tinta oscura del pasado y escribe una obra de arte.

La flor y los helechos tardan años en hacer ascuas. Es necesario el dolor, los errores y las lágrimas para que un hombre aprecie a sus amigos. Después que se marchiten nuestras flores, que mueran nuestras esperanzas antes de nacer, que nuestras ambiciones caigan sin alas a la tierra, que nuestras luces se debiliten, si de la oscuridad el mundo puede recibir un "paraíso perdido". Que las prisiones nos reclamen, los carceleros nos encadenen, si de ahí puede nacer "el progreso de un peregrino".

¿Por qué estamos buscando nacimientos sin dolor? El genio nace principalmente de la Dama Fracaso, en una buhardilla, en cruel agonía. Cuando se produce la colisión, y uno se queda sangrando entre las ruinas del paso de los años, cuando la esperanza apaga la luz y las ambiciones no despiertan el espíritu roto, entonces verdaderamente claman las almas: "¡Gracias, Dios! Al fin me identifico con el gran corazón humano palpitante".

El error levanta la verdadera alma hasta la luz más pura. El éxito conduce al verdadero hombre a sentir algo por el que fracasa.

Mientras estoy aquí sentado y miro atrás al paso de los años, clamo: "Año Pasado, has dejado cicatrices y heridas sin sanar, pero te amo.

"El contable, Tiempo, me ha cobrado mucho, y en algunas de sus facturas hasta me resulta difícil pagar tan solo los intereses, pero a la vez estoy contento de haber vivido los cortos doce meses en tu dominio.

Has tenido algunas alegrías inesperadas, muy bien escondidas hasta que un día abriste la puerta, y volaron hasta mí cubiertas de plumas, después cantaron un canto que ha hecho que incluso el dolor sea un gozo y un dulce error.

Adiós, Año Pasado, mis lágrimas han hecho ríos que fluyen por tu rostro. Ha habido días sin sol, noches sin estrellas, desiertos sin oasis, orillas de ríos sin agua, sillones sin descanso, y sin embargo te quiero".

Pero cuando miro atrás, hay cimas de montañas que recibieron el sol y lo reflejaron sobre las nubes y llenaron todo el pasado con un resplandor tal que no podría pintar el pincel de ningún artista. Oigo oleadas de risa que surgen de los días alegres del pasado. Oigo música, son el sonar de las campanas del pasado. No hay discordia; la distancia ha suavizado cada nota. Lloro esta noche, pero no es de dolor. Giro mi corazón y contemplo el año recién nacido, y pregunto: "¿Puedes darme tanto?".

Don Gossett

PODEMOS DECIR CONFIADAMENTE QUE LA SANIDAD ES NUESTRA

Como Él ha dicho: *"Amado, yo deseo que tú seas prosperado en todas las cosas, y que tengas salud, así como prospera tu alma"* (3 Juan 1:2), podemos decir confiadamente: "Tengo derecho a prosperar y tener salud porque está prosperando mi alma".

Como Él ha dicho: *"El mismo tomó nuestras enfermedades, y llevó nuestras dolencias"* (Mateo 8:17), podemos decir confiadamente: "Soy libre de las enfermedades y dolencias porque Jesucristo las llevó por mí".

Como Él ha dicho: *"El que levantó de los muertos a Cristo Jesús vivificará también vuestros cuerpos mortales por su Espíritu que mora en vosotros"* (Romanos 8:11), podemos decir confiadamente: "Dios está vivificando mi cuerpo mortal ahora mediante el mismo Espíritu que levantó a Jesús de los muertos porque su Espíritu vive en mí; así pues, soy libre de la debilidad y la enfermedad".

Como Él ha dicho: *"Sobre los enfermos pondrán sus manos, y sanarán"* (Marcos 16:18), podemos decir confiadamente cuando imponemos nuestras manos sobre los enfermos: "Sanarán porque estoy actuando en base a su Palabra".

Como Él ha dicho: *"Mas a Jehová vuestro Dios serviréis, y él bendecirá tu pan y tus aguas; y yo quitaré toda enfermedad de en medio de ti"* (Éxodo 23:25), podemos decir confiadamente: "La enfermedad me ha sido quitada, mi pan y mi agua son benditos porque estoy sirviendo al Señor mi Dios".

Como Él ha dicho: *"Mas a vosotros los que teméis mi nombre, nacerá el Sol de justicia, y en sus alas traerá salvación"* (Malaquías 4:2), podemos decir confiadamente: "El Señor se está levantando con sanidad para mí porque temo su nombre".

Como Él ha dicho: *"Envió su palabra, y los sanó"* (Salmos 107:20), podemos decir confiadamente: "La sanidad es mía ahora; el Señor me está sanando mediante su Palabra porque he recibido su Palabra en mi vida".

PARTE IV:

Palabras que producen victoria

E. W. Kenyon

NADA SERÁ IMPOSIBLE PARA USTED

Ahora estamos en la presencia de la Omnipotencia. Estamos donde Dios y la humanidad se encuentran. Ahora estamos donde el hombre tiene que tomar la fortaleza de Dios como Dios tomó la debilidad del hombre.

Aquí estamos trabajando juntos con Cristo, Él compartiendo nuestras cargas y nosotros compartiendo su fortaleza. Él vino a nuestro nivel para elevarnos al suyo, y lo ha hecho. Ahora nosotros estamos tan íntimamente unidos con Él, somos una parte tan real de Él que Pablo pudo decir: *"Y ya no vivo yo, mas vive Cristo en mí"* (Gálatas 2:20).

No es un problema de fe sino un problema de privilegio. Jesús nos ha dado el derecho legal a usar su nombre, y tenía toda la autoridad en el cielo y en la tierra. Por lo tanto, tenemos el poder notarial para usar su nombre. *"Y todo lo que pidiereis al Padre en mi nombre, lo haré, para que el Padre sea glorificado en el Hijo"* (Juan 14:13). Jesús deseó que el Padre fuera glorificado en Él mismo, y por eso nos desafía a usar su nombre. Este es el nombre milagroso, el nombre maravilloso de Jesús. ¿No puede ver lo ilimitado de esta vida con Él? ¿No ve que Él verdaderamente estaba en serio cuando dijo: *"Si dos de vosotros se pusieren de acuerdo en la tierra acerca de cualquiera cosa que pidieren, les será hecho por mi Padre que está en los cielos"* (Mateo 18:19).

La oración se convierte en una cooperación con la Deidad. No es rogar o solicitar. Es una comunión. Es llevar a cabo la voluntad del Padre. Hemos ocupado el lugar de Jesús para evangelizar el mundo y hacer que la iglesia vea sus maravillosos privilegios en Cristo. ¿No ve nuestro ministerio? ¿No puede sentir el palpitar del corazón de Dios mientras lee estas palabras? Ahora puede ver por qué nada es imposible para usted. Ese problema financiero no es tan grande como lo era; esa enfermedad no es tan formidable; ¡ese problema no es invencible! ¿No le oye susurrar: *"No temas, porque yo estoy contigo"* (Isaías 41:10)?

Don Gossett

CAMINE CON DIOS EN ACUERDO CON ÉL

No podemos caminar verdaderamente con Dios a menos que estemos de acuerdo con Él. *"¿Andarán dos juntos, si no estuvieren de acuerdo?* (Amós 3:3). Estar de acuerdo con Dios es decir lo mismo que Dios dice en su Palabra acerca de la salvación, sanidad, oración y vivir una vida de victoria.

En primer lugar, estamos de acuerdo con Dios diciendo que somos quienes Dios dice que somos: sus hijos, una nueva criatura en Cristo. También decimos que somos más que vencedores mediante Cristo. (Véase Romanos 8:37). No estamos de acuerdo con el diablo que intenta convencernos de que "no somos buenos", de que somos un fracaso o debiluchos.

¿Cómo podemos caminar con Dios en poder, bendición y utilidad? Estando de acuerdo con Dios en que tenemos lo que Él dice que tenemos: su nombre, su naturaleza, su poder, su autoridad y su amor. Estamos de acuerdo en que tenemos lo que Dios dice que tenemos en su Palabra.

Así como Enoc caminó con Dios (véase Génesis 5:22), caminamos también con Dios estando de acuerdo en que hemos recibido la capacidad de hacer lo que Él dice que podemos hacer: dar testimonio de su poder, echar fuera demonios, ministrar su poder sanador. *"Todo lo puedo en Cristo que me fortalece"* (Filipenses 4:13). Estamos de acuerdo en que podemos hacer lo que Dios dice en su Palabra que podemos hacer.

Si hablamos solo lo que nos dictan nuestros sentidos, no estaremos de acuerdo con Dios. Es cuando hablamos *"solamente... la palabra"* (Mateo 8:8) que estamos de acuerdo con Dios. Es la "confesión de fe" lo que nos da la victoria.

Para caminar con Dios, debemos discrepar con el diablo. Jesús lo hizo. Al declarar confiadamente: *"Escrito está..."*, Él resistió al diablo. Usted también puede. Puede hablar con Dios diariamente estando de acuerdo con Dios y su Palabra. Como Él lo ha dicho, podemos también nosotros decirlo confiadamente. (Véase Hebreos 13:5–6).

E. W. Kenyon

EL LIBRO DE LOS MILAGROS

La Biblia es un registro de milagros. Su historia de la creación es una serie de milagros que hacen que la razón se tambalee. Cada gran logro, cada paso por adelantado narrado en la Biblia para la raza humana ha sido un milagro.

Cuando los israelitas caminaron en presencia de milagros, progresaron y edificaron su nación. Cuando recurrieron a la razón, cayeron presa de sus enemigos y fueron llevados a la cautividad. Pero mientras Israel caminó en comunión con Dios y cumplió su pacto milagroso, se mantuvieron independientes, líderes entre las naciones de la tierra.

Jesús, un milagro

Jesús, el encarnado, fue concebido de forma milagrosa. Su nacimiento estuvo acompañado de milagros. Toda su vida fue una serie de milagros, que culminaron en el milagro de los siglos: la muerte de la Deidad en la cruz, su resurrección de los muertos y su ascensión en presencia de quinientos testigos. Jesús fue un milagro desde cualquier ángulo. Fue un milagro mayor que cualquier milagro que hizo, porque Él fue el milagro de Dios manifestado en carne.

Usted dice que no es razonable. Sé que no lo es. Los milagros no son razonables, pero suceden. Están por encima de la razón. Pertenecen a la esfera de Dios. Pertenecen a la esfera de su espíritu y el mío. Están por encima de la esfera de la razón. La iglesia nació mediante un milagro; fue acogida, desarrollada y anclada en el mundo pagano mediante un milagro.

Cuando la filosofía ocupó el lugar de los milagros, el cristianismo se convirtió en una religión. Siempre que la fe domina, se producen los milagros. Siempre que un grupo de personas comienzan a caminar con Dios, a creer la Palabra y a obedecerla, se producen milagros. Tienen que ocurrir. Usted no puede tener a Dios con usted sin que se manifieste, y su manifestación es un milagro. Siempre que una persona o un grupo de personas se atreven a honrar al Señor y caminar con Él, ocurren milagros.

DIEZ COSAS QUE PUEDE USTED HACER

Muchas personas se limitan a sí mismas innecesariamente cuando dicen dos pequeñas palabras: "No puedo". La Palabra de Dios nos dice que todo lo podemos por medio de Cristo. (Véase Filipenses 4:13).

1. Puede **tener los deseos de su corazón.** *"Deléitate en el* Señor, *y él te concederá los deseos de tu corazón"* (Salmos 37:4, ntv, nvi).

2. Puede **testificar con poder.** *"Pero recibiréis poder, cuando haya venido sobre vosotros el Espíritu Santo, y me seréis testigos"* (Hechos 1:8). Puede dar testimonio con denuedo, porque tiene al Espíritu Santo en su vida.

3. Puede **amar a otros.** Jesús nos dijo: *"Que os améis unos a otros; como yo os he amado"* (Juan 13:34). Así como Jesús manifestó su amor por nosotros, podemos nosotros también demostrar su amor a otros, porque su amor ha sido derramado en nuestros corazones. (Véase Romanos 5:5). Amamos con su amor.

4. Puede **echar fuera demonios.** Jesús dijo que señales seguirían a los que creyeran en Él. *"En mi nombre echarán fuera demonios… sobre los enfermos pondrán sus manos, y sanarán"* (Marcos 16:17–18). Usted tiene el poder para echar fuera demonios y ministrar sanidad a los enfermos en el nombre de Jesús.

5. Puede **hacer todo a través de Cristo.** *"Todo lo puedo en Cristo que me fortalece"* (Filipenses 4:13). Puede hacer todo lo que Dios diga que puede hacer.

6. Puede **tener sabiduría divina.** *"Mas por él estáis vosotros en Cristo Jesús, el cual nos ha sido hecho por Dios sabiduría"* (1 Corintios 1:30). *"Si alguno de vosotros tiene falta de sabiduría, pídala a Dios, el cual da a todos abundantemente y sin reproche, y le será dada"* (Santiago 1:5). Puede tener sabiduría divina en

cada crisis y para cada decisión, porque Cristo mismo es su sabiduría.

7. Puede **poseer sanidad y salud**. *"Hijo mío, está atento a mis palabras; inclina tu oído a mis razones. No se aparten de tus ojos; guárdalas en medio de tu corazón; Porque son vida a los que las hallan, y medicina a todo su cuerpo"* (Proverbios 4:20–22). *"Por cuya herida fuisteis sanados"* (1 Pedro 2:24). La salud y la sanidad pueden ser suyas si reclama lo que Jesús compró para usted.

8. Puede **tener valentía**. *"El justo está confiado como un león"* (Proverbios 28:1). Puede ser tan fuerte como un león, porque ha sido justificado con la justicia de Él. (Véase Romanos 10:10; 2 Corintios 5:21).

9. Puede **hacer grandes hazañas de fe**. *"El pueblo que conoce a su Dios se esforzará y actuará"* (Daniel 11:32). Usted puede hacer grandes hazañas mediante Dios que le fortalece.

10. Puede **disfrutar de todo lo que pertenece a la vida y a la piedad**. *"Como todas las cosas que pertenecen a la vida y a la piedad nos han sido dadas por su divino poder"* (2 Pedro 1:3).

E. W. Kenyon

MILAGROS POR FE

Un milagro es una intervención divina. Es Dios entrando en la esfera de la razón y actuando caritativamente hacia la humanidad. En otras palabras, es el amor entrando en el mundo de la razón y dejando detrás una bendición.

Nuestros educadores modernos niegan la realidad de los milagros. ¿Por qué? Porque creen en el mundo de la razón, y sus propios procesos mentales declaran que la razón es la única fuerza que se puede reconocer en la vida hoy. No se dan cuenta de que la fe siempre ha sido la lámpara que ha guiado la razón a todos sus logros. No se dan cuenta de que esa fe es la única creadora, la única fuerza creativa y dominante en el mundo hoy.

La razón nunca ha logrado hasta la fecha, sin ayuda de la fe, ni una sola victoria notable en el progreso humano. Fue la fe la que produjo el gran "Leviatán" que asola el mar. (Véase Job 41:1). Fue la fe lo que llevó el cable cruzando el océano hasta Inglaterra cuando el fracaso y la razón continuamente se oponían, llenos de oscuras premoniciones. Fue la fe lo que nos dio la conexión sin cable. Fue la fe lo que nos ha dado todo en el campo de la mecánica, la educación y las artes arquitectónicas, así como en el mundo literario y musical. La fe es el patrón de todas las artes de la civilización. La fe indomable de Lindbergh le hizo ser un hombre destacado de nuestra nación. ¿Ven ustedes, hombres y mujeres, lo que es la fe?

USTED PUEDE DERROTAR AL DIABLO

Cuando el diablo le ataque usando el desánimo, la destrucción, la desolación, la angustia y la desesperación, tome su *"escudo de la fe, con que podáis apagar todos los dardos de fuego del maligno"* (Efesios 6:16). Pero no se mantenga a la defensiva. El siguiente paso es sacar *"la espada del Espíritu, que es la palabra de Dios"* (Efesios 6:17) y *"pelea la buena batalla de la fe"* (1 Timoteo 6:12). Aquí tiene algunos versículos ¡que le ayudarán a derrotar sus tácticas demoniacas!

Al pobre librará de su pobreza, y en la aflicción despertará su oído. (Job 36:15)

Jehová será refugio del pobre, refugio para el tiempo de angustia. (Salmos 9:9)

No habrá en ti dios ajeno. (Salmos 81:9)

Díganlo los redimidos de Jehová, los que ha redimido del poder del enemigo. (Salmos 107:2)

Para siempre, oh Jehová, permanece tu palabra en los cielos. (Salmos 119:89)

Afianza a tu siervo para bien; no permitas que los soberbios me opriman. (Salmos 119:122)

Ordena mis pasos con tu palabra, y ninguna iniquidad se enseñoree de mí. (Salmos 119:133)

Así que, si el Hijo os libertare, seréis verdaderamente libres. (Juan 8:36)

Cómo Dios ungió con el Espíritu Santo y con poder a Jesús de Nazaret, y cómo éste anduvo haciendo bienes y sanando a todos los oprimidos por el diablo, porque Dios estaba con él.

(Hechos 10:38)

Porque las armas de nuestra milicia no son carnales, sino poderosas en Dios para la destrucción de fortalezas, derribando argumentos y toda altivez que se levanta contra el conocimiento de Dios, y llevando cautivo todo pensamiento a la obediencia a Cristo.

(2 Corintios 10:4–5)

Y ellos le han vencido por medio de la sangre del Cordero y de la palabra del testimonio de ellos, y menospreciaron sus vidas hasta la muerte.

(Apocalipsis 12:11)

E. W. Kenyon

DELÉITESE EN EL SEÑOR

Un corazón lleno de fe es un corazón gozoso. El corazón lleno de duda es un corazón apenado. El éxito llega al rostro sonriente. Nadie quiere tratar con una personalidad gruñona y desagradable. Solo la necesidad le lleva hasta ahí. Pero la mano alegre, calurosa, es la mano que yo quiero. Salmos 37:4 dice: *"Deléitate en el Señor, y él te concederá los deseos de tu corazón"* (ntv, nvi). El secreto de la oración respondida puede estar en la alabanza, la alabanza llena de gozo.

El otro día hice una oración, y al término de la misma, ellos parecían tan desanimados y tristes que pregunté: "¿Ha escuchado Él sus oraciones?".

Ellos contestaron: "Imaginamos que sí".

Yo dije: "No lo ha hecho, porque Él solo escucha las oraciones de aquellos que se deleitan en Él".

No permita que la desesperación ocupe el lugar de la fe, o la esperanza vaga e indiferente le robe su fe. Segunda de Crónicas 32:1 dice:

Después de estas cosas y de esta fidelidad, vino Senaquerib rey de los asirios e invadió a Judá, y acampó contra las ciudades fortificadas, con la intención de conquistarlas.

Para demostrar su fidelidad, habrá pruebas. El enemigo buscará sus ciudades. Pero escuche el ánimo de Ezequías, que puso capitanes sobre el pueblo y los reunió, diciendo:

Esforzaos y animaos; no temáis, ni tengáis miedo del rey de Asiria, ni de toda la multitud que con él viene; porque más hay con nosotros que con él. Con él está el brazo de carne, mas con nosotros está Jehová nuestro Dios para ayudarnos y pelear nuestras batallas. Y el pueblo tuvo confianza en las palabras de Ezequías rey de Judá.

(2 Crónicas 32:7–8)

EL PODER DE UNA VIDA DE ALABANZA POSITIVA

Un cristiano derrotado es alguien que no alaba al Señor. Una iglesia con un espíritu derrotado no tiene una alabanza gozosa para Dios. La alabanza y la derrota no pueden vivir en la misma casa.

Para practicar una vida de alabanza positiva es necesario fuerza de voluntad y valentía, porque el hombre natural no quiere alabar al Señor. Cuanto más lejos esté una persona de Dios, menos desea alabarle. Los cristianos mundanos no disfrutan del poder y la bendición de una vida de alabanza positiva. Tampoco las personas que están atadas por el pecado, el temor, la timidez o la reticencia. Discipline sus labios para alabar al Señor. Es un ejercicio espiritual maravilloso. Poseerá usted un poder tremendo, disfrutará de buena salud y mantendrá al cielo "ocupado" trabajando por usted.

La Biblia está llena de muchos ejemplos de cómo Dios bendijo a su pueblo como respuesta a sus alabanzas. Leemos en 2 Crónicas 5:13–14 cómo Dios actuó cuando las personas de Israel elevaron sus voces en alabanza y agradecimiento a Él en la dedicación del templo de Salomón.

Cuando sonaban, pues, las trompetas, y cantaban todos a una, para alabar y dar gracias a Jehová, y a medida que alzaban la voz… y alababan a Jehová… entonces la casa se llenó de una nube, la casa de Jehová. Y no podían los sacerdotes estar allí para ministrar, por causa de la nube; porque la gloria de Jehová había llenado la casa de Dios.

El capítulo veinte de 2 Crónicas nos cuenta cómo Dios derrotó a los enemigos de Israel cuando su pueblo se armó de alabanzas a Dios.

La iglesia primitiva estaba *"siempre en el templo, alabando y bendiciendo a Dios"* (Lucas 24:53), y como resultado, sus vidas se llenaron del poder del Espíritu Santo. Al continuar en el poder del Espíritu Santo, alabando y bendiciendo a Dios, se multiplicaron rápidamente, *"alabando a Dios, y teniendo favor con todo el pueblo. Y el Señor añadía cada día a la iglesia los que habían de ser salvos"* (Hechos 2:47). Alabar a Dios produjo que el poder del Espíritu Santo convenciera y convirtiera a los pecadores a Cristo.

Una señora llamada Martha, de Houston, Texas, compartió este testimonio:

> Hace como un año y medio, compré su libro *There's Dynamite in Praise* [Hay dinamita en la alabanza]. ¡Qué libro! ¡Ungido! No podía dejar de alabar al Señor. Enseñé sus principios de poder de la alabanza en una clase en la que yo ministraba. He sido diligente y he memorizado casi los 100 versículos de alabanza que usted ha escrito en su libro. Estoy impactada de lo que el Señor ha hecho por mí.

Usted puede alcanzar una vida de victoria y poder si no deja de alabar. La alabanza es la contraseña hacia la bendición.

CÓMO SE EDIFICA LA FE

La fe es la garantía de lo que se espera, la certeza de lo que no se ve" (Hebreos 11:1, NVI). Damos certeza a la esperanza cuando ponemos en práctica la Palabra. La esperanza está siempre en el futuro; la fe es ahora. Creer es poner en práctica la Palabra. La Palabra Dios son uno, y Él está en la Palabra. La Palabra estaba en Él. La Palabra no perdió ninguna de sus capacidades ni su poder al pasarla a nuestro lenguaje.

Santiago dice: *"Sed hacedores de la palabra, y no tan solamente oidores, engañándoos a vosotros mismos"* (Santiago 1:22). Un "hacedor" es un "vividor". La Palabra vive en mí en la medida en que yo la hago. Hacer la Palabra es, por lo tanto, vivir la Palabra. Esto significa que Dios está viviendo en mí. Yo vivo en la Palabra en la medida en que esta funciona en mi vida diaria.

Jesús dijo: *"Si permanecéis en mí* [es decir, si son una nueva criatura], *y mis palabras permanecen en vosotros"* (Juan 15:7), entonces la oración se convierte en un problema sencillo. ¿Por qué? Porque la Palabra en mis labios será la Palabra de Dios. Dios está hablando a sí mismo mediante mis labios. Dios, mediante mis labios, puede pedir lo que quiera, y me será concedido. Su Palabra se convierte en algo vivo en mis labios, así como era algo vivo en los labios de Jesús.

En la tumba de Lázaro, Jesús dijo: *"Padre, gracias te doy por haberme oído"* (Juan 11:41). Cuando la Palabra habita en usted como vivió en Jesús, puede decirle lo mismo al Padre. Esa Palabra puede vivir en nosotros y habitar en nosotros como vivió en Jesús.

Recordamos que cuando aceptamos a Cristo, recibimos vida eterna. Eso nos llevó a la familia donde debemos ocupar el lugar de hijos e hijas. Debemos ocupar y asumir nuestras responsabilidades como si fuéramos hijos de Dios. No estamos intentando ser hijos, somos sus hijos. No estamos intentado tener fe, porque todo nos pertenece por estar en la familia.

Estamos haciendo la voluntad del Padre como Jesús lo hizo, y el Padre nos está respaldando como respaldó a Jesús. Debemos estudiar para familiarizarnos con el Padre. *"Que te conozcan a ti, el único Dios verdadero, y a Jesucristo, a quien has enviado"* (Juan 17:3). ¿Observó lo que acaba de leer? ¡Que conozca al Padre, que conozca a Jesús!

Puede conocerle a través de los cuatro Evangelios en cierta medida. Puede conocerle más aún en la revelación paulina, pero realmente le conoce cuando comienza a poner en práctica la Palabra. Cuando se convierte en un "hacedor" de la Palabra, entonces realmente llega a conocerle. Cuando ora por las personas enfermas; cuando aprende a desacreditar la evidencia sin sentido que contradice la Palabra; cuando estudia la Palabra como si fuera el mensaje del Padre para usted; cuando habla con Él; cuando tiene comunión con Él como lo haría con un ser querido que vive con usted: entonces conocerá al Padre.

EL QUE ROMPE YUGOS

La unción del Espíritu Santo se nos da para soltar todo yugo de esclavitud que Satanás pueda poner sobre nosotros. *"Y el yugo se pudrirá a causa de la unción"* (Isaías 10:27).

Jesús anunció al comienzo de su ministerio:

> *El Espíritu del Señor está sobre mí, por cuanto me ha ungido para dar buenas nuevas a los pobres; me ha enviado a sanar a los quebrantados de corazón; a pregonar libertad a los cautivos, y vista a los ciegos; a poner en libertad a los oprimidos; a predicar el año agradable del Señor.* (Lucas 4:18–19)

Fue la unción del Espíritu Santo en la vida de Jesús lo que le capacitó para ser el libertador de los cautivos de Satanás. Esta misma unción se nos ha dado para que podamos ministrar liberación a todos los cautivos del temor, la enfermedad y la condenación.

Esta, entonces, es la clave para el ministerio del creyente: tener el poder del Espíritu Santo morando en nuestra vida en todo momento, listo para hacer guerra contra las fuerzas demoniacas.

¿Le cuesta leer y entender la Palabra de Dios? Pídale al Espíritu Santo que ilumine esas palabras en su mente para que se conviertan en palabras vivas, significativas y aplicables a su vida. Cuando la Palabra de Dios se convierta en algo real para usted, tendrá hambre de más. Se verá impulsado a estudiar y conocer sus verdades. Entonces sabrá cuáles son sus derechos y responsabilidades como creyente.

Después pídale al Espíritu Santo que le revele cuáles son las áreas problemáticas de su vida y cómo usar el nuevo poder que ha descubierto para vencerlas.

> *Porque no tenemos lucha contra sangre y carne, sino contra principados, contra potestades, contra los gobernadores de las tinieblas de este siglo, contra huestes espirituales de maldad en las regiones celestes. Por tanto, tomad toda la armadura de Dios, para*

que podáis resistir en el día malo, y habiendo acabado todo, estar firmes. (Efesios 6:12–13)

El que rompe yugos es el Espíritu Santo, y sus herramientas en su vida son el cinto de la verdad, la coraza de la justicia, el calzado de la preparación, el escudo de la fe, el yelmo de salvación y la espada del Espíritu, que es la Palabra de Dios. (Véase Efesios 6:14–17).

E. W. Kenyon

LA VIDA RADIANTE

La vida está llena de oscuras sombras. La mayoría de las personas estamos llenas de dolores ocultos, ideales rotos o perdidos, o sueños tempranos muertos en la memoria. El llamado de otros días, ignorantes o erróneos, vuelca su infeliz sombra a través de la vida. La decadencia en alguna crisis o fracaso al responder al Espíritu en algún momento crítico produce lágrimas y sufrimiento, por lo que la risa tiene que ser artificial y el gozo pasajero, si es que existe. Detrás de toda carcajada de risa hay una lágrima escondida. Detrás de cada ataque de felicidad está el fantasma de otras penas, para convertirlo en luto.

Nuestros humoristas y comediantes son necesarios en el mundo. Para muchos, su humor ha desafilado la decepción de un día. Estamos contentos por ellos. El mundo no tiene gozo propio, y su felicidad es artificial. De igual modo, la "tira cómica" y la columna humorística de nuestros periódicos diarios han llegado como respuesta a las tremendas necesidades del mundo. La vida es tan extenuante y tan llena de quebraderos de cabeza que tenemos que contratar a hombres y mujeres para que nos distraigan. No hay un gozo natural; ningún gozo interior levanta al humano por encima de la condición de la tierra. No hay ninguna fuente real de gozo. Lo único que conocemos es el cómico, la tira cómica, la historia divertida, la cómica tragedia de alguien.

Pero en lugar de contemplar esas cosas y alimentar su alma y su espíritu de las cáscaras de los errores pasados, los actos desagradables de otros y sus pérdidas, aliméntese y medite en Jesús, y crecerá en su parecido con Él, y su vida será más rica y hermosa. Su rostro se volverá radiante y lleno de gozo, ¡y qué bendición tendrán los que le rodean!

La palabra griega *para* realmente puede traducirse como "en", y esto abre una vasta área de utilidad. "Mirar en Jesús". Mirar en ese corazón de amor. Mirar en el corazón de gracia, compasión y ternura. Creo que si usted mirase en ese corazón, vería su propio rostro allí. Se vería a sí mismo, porque ha sido escondido con Cristo en Dios, y usted está en

Él, escondido en Él. Él es su vida y su fuerza. En Él se verá a sí mismo, ese ser glorificado, hermoso, victorioso, transcendentalmente feliz. Cuando se mira a sí mismo, ve que todos los fracasos y errores de los años se han ido.

Tan solo mire en Él: contémplele; medite en Él. Lo que Él es, usted lo es. No vuelva a mirar a sus propios errores. No permita que su entorno levante sus manos sucias y le arrastre a su nivel. ¡Mire a Jesús! Medite en Él. Él transformará su mismo rostro de gloria en gloria. (Véase 2 Corintios 3:18).

Mateo 17:7–8 es una parte de la historia de la transfiguración. Nos cuenta cómo Jesús estaba en oración, y mientras oraba, fue transfigurado. Entonces se le aparecieron Moisés y Elías, hablando con Él. Oyeron decir al Padre: *"Este es mi Hijo amado, en quien tengo complacencia; a él oíd"* (Mateo 17:5). Los discípulos cayeron rostro en tierra, y no es de extrañar por qué. Cuando volvieron a levantar sus rostros, y abrieron sus ojos, vieron solo a Jesús. Su rostro era como el rostro de un ángel; la gloria de Dios estaba sobre Él.

"A nadie vieron sino a Jesús solo" (Mateo 17:8). ¡Cómo necesitan nuestros corazones estar encerrados en Él, para que perdamos nuestra "visión terrenal" y perdamos las líneas de nuestras limitaciones, los dolores y las cimas de nuestros fracasos, y en su lugar veamos solo a Jesús! Querido lector, si puede salir de la confusión que rodea su corazón y su vida y hablar con Él hasta que su espíritu entre en comunión con Él, hasta que los ojos de su corazón puedan ver solo a Jesús, ¡no lo dude!

Según le hablo hoy, Jesús se está acercando, Jesús con el ceño clavado de espinos y el corazón atravesado; el Jesús del Calvario; el Jesús de la resurrección; el Jesús de los Olivos; el Jesús sentado a la diestra de la Majestad del cielo. Ese Jesús, nuestro Jesús, le revelará su corazón, se le revelará a sí mismo, y usted tendrá la oportunidad de presionar su mejilla llena de lágrimas con la de Él. Amigo, esto es lo único en estas horas infelices y oscuras de la vida que le consolará y fortalecerá para suplir las demandas diarias de su vida.

Lea Salmos 34:5: *"Los que miraron a él fueron alumbrados, y sus rostros no fueron avergonzados"*. Ellos le miraron y fueron radiantes. Es una ley, escrita en lo más hondo del corazón humano, que cuando usted contempla a Jesús, si le mira a Él, se parecerá a Él. Usted no puede estar en su presencia mucho tiempo sin que la fragancia de su personalidad impregne su ser. No puede estar mucho tiempo en su presencia y no llevar su imagen. No puede oír su voz y no perder la calidad nerviosa de su voz y reemplazarla por la calidad del amor. No puede vivir con Él y Él con usted sin que su naturaleza compasiva magistral y su naturaleza de amor le cubran e inunden todo su ser.

Ellos le miraron y se volvieron radiantes; y nunca serán confundidos. ¿No ve que esto es la victoria, que esta es la ley del vencedor? Quiero que vea otro versículo que ha sido tremendamente precioso:

Entonces verás, y resplandecerás; se maravillará y ensanchará tu corazón. (Isaías 60:5)

Esta es una mirada que tiene vida en sí. Tenemos que ser ensanchados. Tenemos que estar radiantes para anunciar al Maestro.

VENCER EL MAL

No tendré una mala confesión o una confesión equivocada. Una confesión equivocada es darle lugar a Satanás. Yo he dejado de hablar derrota, enfermedad y debilidad. La derrota es del diablo. La debilidad es del diablo. Mientras esté hablando de estas cosas, estoy alabando las obras de Satanás ¡y no las de Dios!

Como Él ha dicho: *"Resistid al diablo, y huirá de vosotros"* (Santiago 4:7), podemos decir confiadamente: "El diablo está huyendo de mí porque estoy resistiéndole firmemente en el nombre de Jesús".

Como Él ha dicho: *"Conoceréis la verdad, y la verdad os hará libres"* (Juan 8:32), podemos decir confiadamente: "Soy libre porque conozco su bendita verdad".

Como Él ha dicho: *"En mi nombre echarán fuera demonios"* (Marcos 16:17), podemos decir confiadamente: "Los diablos se van porque se lo he ordenado en el nombre de Jesús".

Como Él ha dicho: *"Y el Señor me librará de toda obra mala"* (2 Timoteo 4:18), podemos decir confiadamente: "No caeré en ninguna de las trampas del diablo; el Señor me libra".

Como Él ha dicho: *"El ángel de Jehová acampa alrededor de los que le temen, y los libra"* (Salmos 34:7), podemos decir confiadamente: "El ángel del Señor acampa alrededor de mí para librarme y protegerme porque temo al Señor".

Ahora que tiene todos estos versículos ante usted, practique el ponerse de acuerdo con Dios. Acepte lo que Él dice para su propio caminar cristiano valiente y victorioso. Crea que es lo que Él dice que usted es. Crea que puede hacer lo que Él dice que puede hacer. Crea que Dios es lo que Él dice que es, y que hará, y está *haciendo* lo que dice en su Palabra.

Piense de usted como Dios piensa de usted. Recuerde que porque *"Él lo ha dicho… nosotros ¡podemos decirlo confiadamente!"*. ¡Ahora camine en su valiente vida victoriosa!

E. W. Kenyon

LA ABUNDANCIA DE DIOS

El título mismo asombra a nuestro corazón. Pensar en tener la abundancia de Dios en nuestro caminar diario en presencia del Padre, en lugar de la pobreza de espíritu, la falta de fe y la falta de capacidad para llevar a cabo la voluntad del Padre acerca de la que todos hablan tan frecuentemente.

Echemos un vistazo ahora a Juan 10:10: *"Yo he venido para que tengan vida, y la tengan en abundancia"*. Jesús declara que la razón por la que vino a la tierra fue para que el hombre pudiera tener abundancia de la vida de Dios. ¿Por qué? Bueno, fue porque Satanás había despojado al hombre totalmente de todo lo que era hermoso. Y Jesús vino para reponer, para reconstruir, para recrear, para hacer al hombre de nuevo, pero especialmente para llenarle con algo que supliría totalmente cada necesidad de su vida.

Ahora bien, Dios es amor, así que cuando esta abundancia de vida llegue, lo hará con abundancia de amor. ¿Se imagina cómo serían las personas en un lugar donde hubiera abundancia de *agape*, el tipo de amor de Jesús, donde todos los hombres y mujeres buscasen ayudarse unos a otros? ¿Se imagina una iglesia que estuviera vacía? El amor saldría en busca de personas necesitadas. Todo automóvil se llenaría de personas que estuvieran espiritualmente empobrecidas.

Mi corazón se conmovió con este versículo: *"Hijitos, vosotros sois de Dios"* (1 Juan 4:4). Ustedes han nacido de la abundancia, han nacido de la plenitud; ustedes son de Dios. Son hijos e hijas de Dios. Usted es de Dios, y nada enriquecerá tanto la vida como el que digamos tranquilamente: "Yo soy de Dios. He nacido de Dios. Tengo la naturaleza de Dios en mí". Junto a su naturaleza, tiene la capacidad de Dios para ayudar a otros, para llevar la carga, para dar fortaleza, para ser una inspiración para los hombres. Los hombres y las mujeres dirán de usted: "Ese hombre es un constructor de fe".

Él toca su ser en lo más íntimo y le inunda con su natural capacidad, gracia y amor. *"Hijitos, vosotros sois de Dios, y los habéis vencido"* (1 Juan 4:4). El hombre de Dios es experto; es un vencedor. *"Amados, amémonos unos a otros; porque el amor es de Dios. Todo aquel que ama, es nacido de Dios, y conoce a Dios. El que no ama, no ha conocido a Dios; porque Dios es amor"* (1 Juan 4:7–8). Se ha convertido en partícipe de la naturaleza de amor del Creador. Está usted atado al Omnipotente. Está atado a la refulgencia de Dios. Tiene su fortaleza, su gracia, su capacidad. Le tiene a Él. No está buscando una bendición de Él, ¡porque tiene la bendición dentro de usted! Piense en lo que significaría que usted fuera consciente de su presencia en usted todo el tiempo.

Cuando se despierte en la mañana, dirá: "Buenos días, Padre. Hoy estarás conmigo. Me darás confianza en cada crisis. Me vas a dar gracia para cada necesidad durante todo el día".

Maravilloso, ¿no es cierto? ¿Hay algo que no pueda hacer con Él habitando en usted? La vida misma de Dios habita en usted. Colosenses 2:9–10 dice: *"Porque en él habita corporalmente toda la plenitud de la Deidad, y vosotros estáis completos en él, que es la cabeza de todo principado y potestad"*. Observe cuidadosamente ahora: *"En [Jesús] habita corporalmente toda la plenitud de la Deidad"*. Toda la capacidad de Dios estaba en Él. Todo el amor de Dios estaba en Él. Él nunca le dio a nadie la sensación de vacío, de falta de capacidad o un sentimiento de no estar preparado. Él estaba siempre listo para suplir cualquier emergencia.

Pienso en lo completo que es, en su plenitud y su capacidad en cada lugar. Estamos llenos de su plenitud. Es una vestidura completa, una vestidura total; no escatima en ningún lugar. No llegó a usted porque ayunó o porque oró para conseguirla. Llegó a usted por gracia.

Cuando Pablo perseguía a Jesús, Jesús le dijo: *"Saulo, Saulo, ¿por qué me persigues?"* (Hechos 9:4). Cuando Pablo golpeaba a una persona, a una sola rama, también golpeaba a la Vid. Nunca fue más hermoso y más claro que cuando Jesús dijo: *"Yo soy la vid, vosotros los pámpanos"* (Juan 15:5). Oiga al Maestro decir: "Saulo, has estado golpeando, cortando y retorciendo las ramas; has hecho daño a la Vid".

Cuando Jesús quería que alguien tuviera su revelación, no escogió a Juan o a Santiago, sino que tomó a Saulo de Tarso y le reveló las cosas más maravillosas jamás puestas en lenguaje humano: la revelación paulina. No se le dio a un hombre digno; se le dio a un hombre cuyo corazón estaba dominado por el odio, la envidia y la amargura. El Padre tomó a este hombre y le llenó con su plenitud. Se trata de la gracia. Todos pueden ser llenos con su plenitud. Todos hemos recibido de su plenitud. Hemos recibido la plenitud de su amor, de su vida, la plenitud de todo lo que era hermoso en el Jesús hombre.

Efesios 3:7 dice: *"Del cual yo fui hecho ministro por el don de la gracia de Dios que me ha sido dado según la operación de su poder"*. Veamos con detenimiento este versículo: *"Del cual yo fui hecho ministro"*. Fue según el don de la gracia de Dios, algo inmerecido y maravilloso. La gracia es un don. Fue el don de dones; fue amor rebosando.

Ahora puede entender cómo Cristo pudo decir: "Yo he venido para que tengan vida, para que tengan a Dios, para que tengan abundancia de Dios, según el don de gracia que me fue dado según la obra de su poder en mí". (Véase Juan 10:10).

Quiero que observe que Jesús continuamente confesó lo que Él era, lo que el Padre era para Él y lo que Él era para el Padre. Ahora Pablo está siguiendo la estela del Maestro, y está haciendo una confesión: "Fui hecho maestro según el don de su gracia". (Véase Efesios 3:7). ¿Qué es su gracia? Es *"conforme a las riquezas de su gloria"* (Efesios 3:16). He sido guiado al lugar secreto, donde he descubierto la riqueza, las riquezas no desarrolladas de su corazón.

En Colosenses capítulo 2, Él dice esto: *"En quien están escondidos todos los tesoros de la sabiduría y del conocimiento"* (Colosenses 2:3). La sabiduría es lo más importante del mundo. Usted puede conocer la Biblia de tal manera que los hombres se sorprendan de su conocimiento, pero puede que no sea capaz de usar ese conocimiento para enseñar y ayudar a otros. Quizá se conozca la Biblia desde Génesis a Apocalipsis pero no tenga la sabiduría para alimentar a las personas, para edificarlas. Si quiere conseguir las mejores cosas, debe ir y cavar para encontrarlas. Los diamantes más codiciados están enterrados hondos; las perlas más ricas están hondas. La genialidad de Dios al ocultar todo fue esta: al ahondar, usted desarrolla su intelecto, desarrolla su espíritu y se desarrolla usted en la obra, y tras un tiempo, llega a apreciarle a Él. Al estudiar la Palabra, encontrará cosas que nunca había conocido. Encontrará tesoros.

Usted es como el poderoso río Columbia. Durante miles de años esa agua había estado fluyendo, y después llegó alguien y construyó la presa Grand Coulee y obstruyó esa fuerza tremenda. Usted ha tenido la omnipotencia de Dios fluyendo a través y alrededor de usted, y tiene la capacidad de sanar enfermos en el nombre de Jesús, de libertar hombres y mujeres que antes estaban en esclavitud. Pero no lo ha usado. Si permite que la capacidad de Dios obre en usted, cientos de vidas podrían cambiar. Podría hacer que esas vidas desérticas florecieran como una rosa. Los recursos de Dios sin usar y sin explotar están en cada uno de nosotros.

Efesios 3:16 dice: *"Para que os dé, conforme a las riquezas de su gloria, el ser fortalecidos con poder en el hombre interior por su Espíritu"*. La gloria y belleza trascendentes de la gracia de Dios van a amanecer sobre nuestro espíritu, y vamos a probar las riquezas de su gloria, y vamos a experimentar el gozo de ser fortalecidos con su capacidad en nuestro espíritu. Todo su ser será arraigado y cimentado en amor… en Él. Usted ha recibido la abundancia de gracia. Cuando usted recibe vida eterna, recibe el don de la justicia, la abundancia de gracia. Tiene la naturaleza del Padre: su capacidad, su firmeza, su amable ternura. Él imparte en usted su confianza y le hace ser fuerte y valiente.

Así que desarrolle el hábito de decir: "Él está en mí; Él vive en mí; su amor está en mí".

LA VIDA LLENA DE GOZO

Fuera de la vida cristiana, he encontrado una felicidad y placer limitados. Por ejemplo, ser atleta y lograr algunos honores me aportó cierta medida de felicidad. Ser elegido presidente del cuerpo estudiantil de mi instituto fue sin duda una experiencia agradable. Y ha habido otras facetas de mi vida que me han producido placer.

Sin embargo, la experiencia me ha demostrado, al igual que a muchos otros, que descubrir la vida de "Cristo dentro de mí" es la verdadera vida llena de gozo. Estoy convencido de que el gozo solo se encuentra en la vida cristiana, porque este gozo es algo que Jesús trajo a la tierra. El ángel cantó: *"Porque he aquí os doy nuevas de gran gozo, que será para todo el pueblo… un Salvador, que es* Cristo *el Señor"* (Lucas 2:10–11). Y Jesús nos dio palabras de gozo justamente antes de regresar al cielo: *"Estas cosas os he hablado, para que mi gozo esté en vosotros, y vuestro gozo sea cumplido"* (Juan 15:11).

Sí, es este gozo lo que hace que la vida cristiana sea distinta a la de la gente del mundo. *"El gozo de Jehová es vuestra fortaleza"* (Nehemías 8:10). Y este gozo mantiene al cristiano firme en tiempos de estrés, permitiéndole gozarse cuando todos los demás se sienten abatidos.

Santiago dijo: *"Hermanos míos, tened por sumo gozo cuando os halléis en diversas pruebas, sabiendo que la prueba de vuestra fe produce paciencia"* (Santiago 1:2–3). Jesús enseñó: *"Bienaventurados sois cuando por mi causa os vituperen y os persigan, y digan toda clase de mal contra vosotros, mintiendo. Gozaos y alegraos, porque vuestro galardón es grande en los cielos; porque así persiguieron a los profetas que fueron antes de vosotros"* (Mateo 5:11–12).

Los discípulos se regocijaron porque fueron tenidos por dignos de sufrir vergüenza por causa de Cristo. (Véase Hechos 5:40). Pablo y Silas cantaron alabanzas a Dios en medio de circunstancias incómodas. (Véase Hechos 16:23–25). Pablo podía decir que se gozaba siempre, aún en el dolor. (Véase 2 Corintios 6:10). Incluso en esos tiempos difíciles, el cristiano encuentra que el gozo del Señor está con él para sostenerle.

DELO POR HECHO

Dé por hecho en usted y para usted lo que declara la Palabra. Levántese y encuéntrese con la Palabra. Reciba la Palabra con gozo. Todo lo que la Palabra dice de usted es la imagen de Dios de usted. Cuando Él dice que *"nos ha librado de la potestad de las tinieblas"* (Colosenses 1:13), es decir, del poder de Satanás, entonces usted ha sido librado de ello. Ha sido trasladado al reino del Hijo en su amor; es decir, a la familia de Dios. Satanás no tiene ningún derecho legal para gobernar sobre usted. Jesús es el Señor y cabeza del cuerpo de Cristo. Dios le ha librado. Usted juega la parte del librado. Él le libró de la mano del adversario. Satanás no tiene derecho alguno a poner una enfermedad sobre usted. Él no puede acosarle con carencia y necesidad para que no pueda cumplir con sus obligaciones. Simplemente no puede hacerlo. Sé que esto es cierto, que Dios es para nosotros un Dios de liberación.

No solo nos libra de las necesidades físicas y financieras, sino que su gracia puede llegar a la necesidad más profunda del hombre. Sé que Él es capaz de hacer que toda gracia abunde para nosotros, para que nosotros, teniendo todas las cosas, abundemos en toda buena obra. La plenitud de su capacidad es nuestra. La plenitud de su consuelo es nuestra. La plenitud de su gracia y amor es nuestra.

Atrévase a decir: "Hoy soy redimido, librado del dominio de mi enemigo, el diablo; estoy completo en Cristo. Soy la justicia de Dios en Él". Dígalo con sus labios hasta que su corazón lo diga. De algún modo, su espíritu depende de sus palabras. Diga con el salmista: *"Jehová es mi luz y mi salvación; ¿de quién temeré?"* (Salmos 27:1). Dios es nuestra justicia. Él es nuestra capacidad hoy. Tenemos el derecho legal a usar el nombre de Jesús, que ha envuelto dentro de sí la capacidad de vencer toda dificultad.

Entonces debemos confesar confiadamente lo que Él ha hecho en nosotros, y no solo lo que ha hecho por nosotros, sino lo que nos ha hecho ser. Las Escrituras dicen: *"De modo que si alguno está en Cristo, nueva criatura es; las cosas viejas pasaron"* (2 Corintios 5:17). Las cosas viejas del fracaso, de la falta y de la debilidad son cosas del pasado. Estamos completos en Él. Nos hemos reconciliado. No hay nada entre usted y Él. Usted y Él son uno. Él está de su lado.

Su amor ha sido derramado en usted. Dios es amor (véase 1 Juan 4:8, 16), y cuando Él derrama su amor en nuestro corazón, se está derramando Él mismo en nosotros, su misma naturaleza. Usted se ha convertido en copartícipe de ello. Lo tiene dentro de usted. Ahora va a sacarlo hacia fuera.

Va a permitirle hacer lo que Él quiera en usted, como Él hizo en Jesús. Lo que la Palabra dice que somos, nuestro corazón lo reconoce. Somos hijos e hijas de Dios. Somos partícipes de su naturaleza divina. Somos más que vencedores. Tenemos la mente de Cristo en su Palabra, así que podemos conocer su voluntad, y podemos vivirla.

No hay concesiones en Dios. No debería haber concesiones en nuestra confesión. Cuando Él dice: *"De su plenitud tomamos todos"* (Juan 1:16), debemos decir: "Gracias, Padre". Lo que Él ha hecho, no debemos anularlo mediante nuestra confesión negativa, y nuestra confesión debe ser la Palabra. Vencemos al adversario mediante la Palabra que está en nuestro testimonio. Decimos: "Morí en la cruz juntamente con Él, y fui también sepultado con Él. Fui resucitado y justificado".

NUEVE PASOS PARA LA VICTORIA

El **bautismo** es una señal externa de una obra interna de gracia. Ahora que ha nacido de nuevo, debería ser bautizado en agua siguiendo el mandato de Jesús. Algunas personas han sido bautizadas de niños, antes de ser salvas. Un pastor que conozco dice esto: "El bautismo es la inmersión en agua de una persona salva. Si usted no era salvo cuando se bautizó, no se bautizó, ¡solo se mojó!". Si verdaderamente se toma en serio su salvación, se bautizará en agua lo antes posible. Jesús dijo: *"El que creyere y fuere bautizado, será salvo"* (Marcos 16:16).

La lectura de la Biblia es el alimento que necesita su espíritu. Pedro escribió: *"Desead, como niños recién nacidos, la leche espiritual no adulterada, para que por ella crezcáis para salvación"* (1 Pedro 2:2).

La oración es simplemente hablar con Dios. Cuando usted hable con Él, espere que le responda, y cuando le pida cosas, espere que supla sus necesidades. Jesús dijo: *"De cierto, de cierto os digo, que todo cuanto pidiereis al Padre en mi nombre, os lo dará"* (Juan 16:23). Puede encontrar la voluntad de Dios revelada en la Biblia.

Y esta es la confianza que tenemos en él, que si pedimos alguna cosa conforme a su voluntad, él nos oye. Y si sabemos que él nos oye en cualquiera cosa que pidamos, sabemos que tenemos las peticiones que le hayamos hecho. (1 Juan 5:14–15)

La convivencia con otros cristianos es importante para su crecimiento espiritual. *"Y considerémonos unos a otros para estimularnos al amor y a las buenas obras; no dejando de congregarnos, como algunos tienen por costumbre, sino exhortándonos"* (Hebreos 10:24–25). Yo incluso diría que nadie en el mundo puede vivir una buena vida cristiana sin tener una buena compañía. Las malas compañías arruinaron a Sansón y Salomón. Hizo que Pedro jurase y negase a su Señor. Sea como el salmista, que dijo: *"Yo me alegré con los que me decían: A la casa de Jehová iremos"* (Salmos 122:1).

Resista la tentación para caminar en victoria. *"No os ha sobrevenido ninguna tentación que no sea humana; pero fiel es Dios, que no os* dejará ser tentados más de lo que podéis resistir, sino que dará también juntamente con la tentación la salida, para que podáis soportar" (1 Corintios 10:13). Recuerde que no es pecado ser tentado a hacer el mal; es pecado solo cuando usted cede a la tentación. Confíe en que Jesús le dará la victoria diariamente y limpieza mediante su preciosa sangre. *"Si confesamos nuestros pecados, él es fiel y justo para perdonar nuestros pecados, y limpiarnos de toda maldad"* (1 Juan 1:9).

Alabar al Señor es uno de los secretos para conseguir una victoria espiritual constante. La alabanza obrará maravillas en su vida. Su vida será un testimonio para otros de la bondad de Dios y glorificará al Dios grande y maravilloso a quien usted sirve y ama. *"El que sacrifica alabanza me honrará"* (Salmos 50:23).

El bautismo en el Espíritu Santo es absolutamente esencial si quiere vivir en la esfera de lo milagroso. Asegúrese de asistir a una iglesia que crea en el bautismo del Espíritu Santo con la evidencia de hablar en lenguas. Orar en lenguas edificará su fe (véase Judas 1:20); le ayudará a orar conforme a la voluntad de Dios (véase Romanos 8:26–27); y le dará su propio lenguaje especial con el que su espíritu puede comunicarse con Dios (véase 1 Corintios 14:2). Además, necesita este don de poder para tener la capacidad de Dios en todas las actividades de su vida cristiana.

Ganar almas es la actividad cristiana más cercana al corazón de Jesús; y como seguidor suyo, usted debe estar más preocupado de ganar almas que de ninguna otra cosa que haga. Ore diariamente por los perdidos, dé testimonio y sea testigo de la gracia salvadora del Señor en su propia vida en cada oportunidad que tenga, y apoye los ministerios evangelísticos.

Los diezmos y ofrendas mantendrán su economía en buen estado. (Véase Malaquías 3:8–12; Lucas 6:38). Un diezmo es el diez por ciento de sus ingresos; Dios posee el primer diez por ciento de todo lo que usted gana. Por el contrario, las ofrendas son regalos de amor que usted da a Dios además de su diezmo.

Finalmente, si le vienen dudas con respecto a su salvación, confíe en la Palabra de Dios para su seguridad. Recuerde: Dios no puede mentir; es el diablo el que miente y roba. Satanás quiere engañarle y robar las bendiciones de Dios de su vida, pero no puede hacerlo a menos que usted se lo permita. Preséntese diariamente, espíritu, alma y cuerpo, como un vaso de honor para servicio del Señor. Dígale: "Señor, iré donde quieras que vaya; haré lo que quieras que haga", y el diablo tendrá que huir. *"Someteos, pues, a Dios; resistid al diablo, y huirá de vosotros"* (Santiago 4:7–8).

APROVECHE LAS OPORTUNIDADES

Una oportunidad es un viaje gratis a la ciudad. Una oportunidad es un trabajo que me va a desafiar a ganar. Una oportunidad es una ocasión para poner mi pie en el primer peldaño de la escalera, una ocasión para llegar a ocupar mi lugar bajo el sol.

Estoy alerta y listo. Me levanté temprano. Me afeité, me bañé, hice mis ejercicios diarios. Respiré profundamente. Medité un rato, me senté a solas con Él, y respiré en su valor y fortaleza. Después caminé por el arcén y esperé mi oportunidad. La vi venir. Yo estaba vestido. Estaba en forma. Había sido entrenado. Me subí de un salto. Me puse en marcha.

Estaba listo cuando llegó mi oportunidad.

Recuerdo que Pablo, que se convirtió en el portavoz de Dios y dio al mundo la exposición más grande, la mayor revelación del hombre de Galilea que jamás se conoció, dijo: "Aproveche sus oportunidades". (Véase Colosenses 4:5).

Sería una gran inspiración si usted y yo pudiéramos descubrir por qué Dios escogió a Pablo para ser su portavoz, por qué le escogió para escribir las epístolas que escribió y dar esa revelación tan íntima de lo que Jesús hizo durante esos cincuenta días maravillosos, desde que fue clavado en la cruz hasta que se sentó al diestra de la Majestad en las alturas. Me imagino que fue porque Pablo estaba preparado. Probablemente estaba más preparado que cualquier otro hombre que vivió en su generación. Había puesto algo en su preparación que desafió a Dios.

Yo estaré listo cuando Él venga, no listo para el llamado a dejar mi cuerpo sino listo para ministrar como nunca antes. No es lo que saco de ello. Es lo que puedo sacar de Él y dar al mundo. Es algo grande.

Yo le digo: esté preparado, porque cuando menos lo espere, llegará su mejor oportunidad. Así que estudie, entrene, póngase en forma. La oportunidad llegará. Habrá espacio para usted en esa oportunidad para que ocupe su lugar en la vida.

Pablo no era un afortunado. Era un trabajador. Se preparó. Cuando llegó su oportunidad, la aprovechó y pasó a la acción. Es un vencedor porque planeó ganar.

VICTORIA SOBRE EL ORGULLO

El orgullo es un espíritu, un espíritu maligno. Como tal, la mejor manera de luchar contra él es con *"la espada del Espíritu, que es la palabra de Dios"* (Efesios 6:17). Esta es la misma arma con la que Jesús luchó cuando fue tentado por el diablo en el desierto, y podemos usarla de la misma forma que Él lo hizo. Cuando el diablo venga contra usted en esta área, simplemente diga: "Diablo, escrito está...", seguido de uno o dos versículos más que sean apropiados para la situación. Aquí tiene unos pocos para que pueda empezar:

Jehová destruirá todos los labios lisonjeros, y la lengua que habla jactanciosamente; a los que han dicho: Por nuestra lengua prevaleceremos; nuestros labios son nuestros; ¿quién es señor de nosotros?
(Salmos 12:3–4)

Porque tú salvarás al pueblo afligido, y humillarás los ojos altivos.
(Salmos 18:27)

No sufriré al de ojos altaneros y de corazón vanidoso.
(Salmos 101:5)

Reprendiste a los soberbios, los malditos, que se desvían de tus mandamientos. (Salmos 119:21)

Porque Jehová es excelso, y atiende al humilde, mas al altivo mira de lejos. (Salmos 138:6)

Ciertamente él escarnecerá a los escarnecedores, y a los humildes dará gracia. (Proverbios 3:34)

Cuando viene la soberbia, viene también la deshonra; mas con los humildes está la sabiduría. (Proverbios 11:2)

Ciertamente la soberbia concebirá contienda. (Proverbios 13:10)

Peca el que menosprecia a su prójimo.   (Proverbios 14:21)

Abominación es a Jehová todo altivo de corazón; ciertamente no quedará impune.   (Proverbios 16:5)

Antes del quebrantamiento es la soberbia, y antes de la caída la altivez de espíritu.   (Proverbios 16:18)

Alábete el extraño, y no tu propia boca; el ajeno, y no los labios tuyos.   (Proverbios 27:2)

Así dijo Jehová: No se alabe el sabio en su sabiduría, ni en su valentía se alabe el valiente, ni el rico se alabe en sus riquezas. Mas alábese en esto el que se hubiere de alabar: en entenderme y conocerme, que yo soy Jehová, que hago misericordia, juicio y justicia en la tierra; porque estas cosas quiero, dice Jehová.   (Jeremías 9:23–24)

Pues por cuanto confiaste en tus bienes y en tus tesoros, tú también serás tomada.   (Jeremías 48:7)

He aquí que esta fue la maldad de Sodoma tu hermana: soberbia, saciedad de pan, y abundancia de ociosidad tuvieron ella y sus hijas; y no fortaleció la mano del afligido y del menesteroso.   (Ezequiel 16:49)

¡Ay de vosotros, fariseos! que amáis las primeras sillas en las sinagogas, y las salutaciones en las plazas.   (Lucas 11:43)

El amor es sufrido, es benigno; el amor no tiene envidia, el amor no es jactancioso, no se envanece.   (1 Corintios 13:4)

Porque el que se cree ser algo, no siendo nada, a sí mismo se engaña.   (Gálatas 6:3)

Nada hagáis por contienda o por vanagloria; antes bien con humildad, estimando cada uno a los demás como superiores a él mismo.   (Filipenses 2:3)

Pero él da mayor gracia. Por esto dice: Dios resiste a los soberbios, y da gracia a los humildes.   (Santiago 4:6)

Porque todo lo que hay en el mundo, los deseos de la carne, los deseos de los ojos, y la vanagloria de la vida, no proviene del Padre, sino del mundo. (1 Juan 2:16)

Porque tú dices: Yo soy rico, y me he enriquecido, y de ninguna cosa tengo necesidad; y no sabes que tú eres un desventurado, miserable, pobre, ciego y desnudo. Por tanto, yo te aconsejo que de mí compres oro refinado en fuego, para que seas rico, y vestiduras blancas para vestirte, y que no se descubra la vergüenza de tu desnudez; y unge tus ojos con colirio, para que veas. (Apocalipsis 3:17–18)

Para vencer al orgullo, ore así: "Querido Padre, te pido libertad de todo espíritu de orgullo. No quiero que tengas que resistirme nunca. En el nombre de Jesús, decido caminar en humildad".

REPRESENTACIÓN

La verdadera representación es la forma más sublime de evangelismo. Es la misma ciencia de la propaganda. Se logra mediante una venta doble. Todo propagandista, todo vendedor, todo evangelista se vende a sí mismo antes de vender su producto. Si su producto es parte de sí mismo, ha vendido su producto cuando se vende a sí mismo. Si él es mejor que su producto, el comprador le "compra" y toma además el producto. Al hablar de ventas, no podemos habar del producto; solo podemos hablar del "vendedor".

El secreto de la representación es esconderse detrás de eso tan maravilloso que está vendiendo, para que después de un tiempo, el posible cliente deje de verle a usted y vea en su lugar las cosas que usted vende. No importa cuál sea el artículo que está vendiendo, debe hacerlo tan deseable y atractivo que el posible comprador lo quiera más que cualquier otra cosa. Si la demanda no está ahí cuando usted llega, debe crear la demanda, y esa demanda debe ser más fuerte que cualquier objeción.

¿Cuáles son los pasos que llevan a una demanda para su artículo?, pregunta En primer lugar, debe ser un artículo honesto. Debe ser un artículo que merezca la pena. Debe ser un artículo necesario. Nosotros, como trabajadores personales, sabemos que nuestro Cristo, a quien estamos "vendiendo" al mundo, es el artículo más honesto, digno y necesario para el hombre.

Antes de ir a convencer a la gente de esto, nosotros mismos deberíamos estar muy "convencidos" del mismo, para que cuando la gente nos mire, pueda ver a quién representamos. Pueden ver que Él es parte de nosotros, que nosotros somos parte de Él. Después debemos vencer los prejuicios creados por otros trabajadores personales del pasado, o "vendedores" como les llamaremos.

El primer requisito es la autenticidad. Usted no puede ser un actor y fingir. Si un trabajador que tiene algo falso puede actuar tan bien que consigue hacer que la gente lo crea y se lo quede cuando es falso y sin valor, entonces su lugar no está la obra personal sino en Hollywood. No es necesario actuar. No es una verdadera representación. Usted ha venido con una respuesta genuina a su problema.

Segundo, su ambición es darle al público algo que ellos necesiten, algo que merezca la pena. Ahí fluye algo de su personalidad que pone una fragancia en sus palabras y capta su atención de inmediato. Ellos están cansados, ocupados y tienen prejuicios, pero la fragancia de su fervor y autenticidad es una bendición para ellos. Le escuchan. Si usted tiene en mente solo el pensamiento de lo que sacará de este contacto, lo sentirán en su espíritu; lo oirán en su tono. Pero si usted sabe que será para beneficio y ganancia de ellos, lo sentirán en usted.

Así pues, véndase usted primero. Véndales la personalidad más grande y más real, un espíritu de lealtad a las cosas grandes de la vida, y antes de llegar donde ellos están, lo sentirán.

El pequeño espíritu engañoso recibe su recompensa; el espíritu noble y elevado recibe su recompensa. Cultivemos el mismo carácter y vida del Hombre de los siglos.

COMPARTIR CON JESÚS

Qué emocionante es estar atado a Cristo, en comunión con la Omnipotencia, teniendo una parte en la obra de redención de la raza humana.

Por tanto, id, y haced discípulos a todas las naciones, bautizándolos en el nombre del Padre, y del Hijo, y del Espíritu Santo; enseñándoles que guarden todas las cosas que os he mandado; y he aquí yo estoy con vosotros todos los días, hasta el fin del mundo.

(Mateo 28:19–20)

Esta Gran Comisión es una revelación de nuestro compartir con Él. (Véase también Marcos 16:16–20).

Como verá, Él se identificó con nosotros en nuestro estado perdido. Ahora nosotros hemos sido identificados con Él, sentados en el trono. Realmente tenemos una vida de trono y una capacidad de trono de representarle. Esto significa llevar el evangelio a cada criatura; no solo lo llevamos cruzando los mares hasta tierras lejanas, sino que también lo llevamos a los hombres y mujeres que viven en el mismo vecindario que nosotros.

¿Se acuerda de cómo Cristo se compartió a sí mismo con nosotros? Se hizo uno con nosotros. Asumió nuestros pecados, nuestras debilidades y nuestras enfermedades. Se hizo uno del todo con nosotros en su esfuerzo por redimirnos. Ahora nosotros tenemos que ser uno con Él para llevar a cabo su sueño para el mundo. Él murió por nosotros; nosotros vivimos para Él. Él murió por ellos; nosotros vivimos para ellos.

El pecado cada vez es más poderoso en el mundo. Los bares, el tabaco y los moteles están sacando a los jóvenes de nuestras iglesias. Están esclavizando a un vasto ejército de esclavos, y usted y yo somos personalmente responsables de su esclavitud. Tenemos la capacidad de liberarles, de llevarles el mensaje de emancipación.

Dar un dólar a un vagabundo no es llevar a cabo la Gran Comisión. Más bien, es poner inteligentemente el dinero donde más bien hará.

Hay llamadas urgentes para que ayudemos a los hambrientos de todo el mundo, pero eso no es llevarlos a Cristo. Siento que nuestro primer ministerio debe ser para su salvación. No quiero ignorar sus necesidades físicas de manera alguna, pero creo que las cosas primeras son primero. Ellos necesitan el Pan de Vida incluso más de lo que necesitan maíz y trigo.

Pero piense en las habilidades malgastadas que se podrían haber empleado para Dios si hubiera aprovechado sus oportunidades. Usted tiene el equipamiento, la Palabra viva, el Espíritu poderoso y el nombre de Jesús. Dios es su capacidad. Jesús fue hecho sabiduría para usted. Lo único que tiene que hacer ahora es mostrarse aprobado para Dios, como un obrero que no tiene de qué avergonzarse, que maneja con sabiduría divina su Palabra viva entre la gente. No lo postergue más.

Muchos de ustedes que están leyendo estas palabras están bajo condenación porque han vivido vidas muy egoístas. Recuerden que queda muy poco para conocer al Maestro, y ¿qué le dirán?

Me pregunto si alguna vez ha guiado a algún alma a Cristo, si alguna vez ha orado con alguien enfermo y le ha visto sanarse. ¿Por qué? Usted tiene la vida de Dios, la naturaleza misma de Dios dentro de usted. Tiene la cooperación del Espíritu Santo. Tiene la Palabra viva. ¿Qué más podría pedir? Levántese, ¡y vaya a hablarle a ese joven!

LAS PALABRAS PUEDEN PRODUCIR RESBALONES

Las palabras obran maravillas, ¡pero también pueden producir resbalones!

¿Se dio cuenta de que multitud de personas fracasan en la vida porque hablan fracaso, temen al fracaso, realmente creen en el fracaso?

Lo que usted dice le sitúa. Nunca llegará más allá, no podrá, de sus propias palabras. Si sus palabras muestran derrota, fracaso, ansiedad, enfermedad e incredulidad, vivirá en ese nivel. Y tampoco conseguirá, ni usted ni nadie, por muy listo que sea, vivir por encima de la norma de su conversación. Este principio espiritual es inalterable. Si su conversación es necia, insignificante, poco práctica o desorganizada, su vida es invariablemente igual. Con sus palabras, pinta constantemente un retrato *público* de su *ser interior*. Jesús dijo: *"Porque de la abundancia del corazón habla la boca"* (Mateo 12:34).

Cuando piensa otra vez en su vida, probablemente estará de acuerdo en que la mayoría de sus problemas han sido problemas de lengua. La Biblia dice: *"El que guarda su boca y su lengua, su alma guarda de angustias"* (Proverbios 21:23). ¡Cuántos problemas causan las lenguas rebeldes! Las palabras dichas en el calor del momento, palabras de ira, palabras rudas, palabras de venganza, palabras de amargura, palabras desagradables, producen problemas en nosotros.

Amado, hagamos una oración ahora mismo: *"Sean gratos los dichos de mi boca y la meditación de mi corazón delante de ti, oh Jehová, roca mía, y redentor mío"* (Salmos 19:14). Esta es otra buena oración de la Biblia: *"Pon guarda a mi boca, oh Jehová; guarda la puerta de mis labios"* (Salmos 141:3). Es realmente importante que dejemos que Dios nos ayude a vencer nuestros hábitos rebeldes de conversación, porque nuestras palabras pueden producir resbalones y meternos en muchos problemas.

Una confesión negativa precede a la posesión de cosas malas. La Biblia advierte: *"Te has enlazado con las palabras de tu boca, y has quedado preso en los dichos de tus labios"* (Proverbios 6:2). Con la boca se puede hacer confesión no solo de las cosas buenas que Dios nos ha prometido, sino que se puede hacer confesión de enfermedad, derrota, atadura, debilidad, carencia y fracaso.

Rehúse hacer una mala confesión. Rehúse hacer una confesión negativa. Repudie una doble confesión donde diga en un momento: "Por su llaga, he sido curado", y al instante diga: "Pero el dolor sigue ahí". Su confesión negativa niega el versículo de sanidad, y cosechará la derrota.

E. W. Kenyon

RELIGIÓN DE LA "CRUZ"

Oí a un misionero de Sudamérica decir que quería comprar una pequeña cruz de oro, y buscó en todas las joyerías de una ciudad de Sudamérica y no pudo encontrar ninguna que no tuviese un Cristo muerto colgado en ella. El Cristo muerto sobre la cruz es un símbolo de una religión, nacida de hombres espiritualmente muertos.

El pecador no encuentra a Cristo en la cruz; encuentra a Cristo sentado a la diestra del Padre. En la cruz, Él no era Salvador. Fue un sustituto. Él fue hecho pecado en la cruz.

Cuando gritó: *"Consumado es"* (Juan 19:30), quiso decir que había terminado la obra que vino a hacer bajo el antiguo pacto. Él había cumplido el pacto abrahámico. Había cumplido los sacrificios. Había cumplido la expiación de sangre que se había rociado sobre los altares durante 1.500 años. La obra estaba terminada.

Ese Antiguo Testamento murió con Él en la cruz. La nación israelita murió con Él en la cruz. Ellos no lo sabían, pero se clavaron a sí mismos en la cruz con Cristo. El pacto, el sacerdocio y la nación murieron con Cristo.

Fuimos identificados con Él en la cruz, pero no hay salvación en la muerte. En esa cruz, "[Dios] *al que no conoció pecado, por nosotros lo hizo pecado*" (2 Corintios 5:21).

¿Alguna vez ha pensado en las dos oraciones sin respuesta en el Nuevo Testamento: la del huerto, donde Cristo dijo: *"Si quieres, pasa de mí esta copa"* (Lucas 22:42), y la otra en la cruz, donde Él dijo: *"Dios mío, Dios mío, ¿por qué me has desamparado?"* (Mateo 27:46). Lea Salmos 22 cuidadosamente para ver lo mucho que Jesús fue desamparado por el Padre en la cruz cuando fue hecho pecado.

LA BATALLA DE LA FE

Reconozca que hasta que la victoria no se manifieste por completo, usted está sumergido en una batalla de fe: una lucha, una guerra. Una batalla de creer contra síntomas que le desanimarán o contradecirán lo que cree. Demasiadas personas piensan que si tuvieran la fe suficiente, todo sería fácil y todo se arreglaría como si les hubieran tocado con una varita mágica. Un estudio de la fe en la Biblia, sin embargo, revela que el hombre de fe cree a Dios contra todo tipo de probabilidad y circunstancias. Sus oraciones son respondidas como resultado de su fe persistente porque está totalmente convencido de que las promesas de Dios son ciertas, a pesar de cuáles sean las circunstancias. Así que le animo a mirar a la Escritura de frente y tomar una decisión de una vez por todas para ver si lo que está buscando es la voluntad de Dios para usted. Después actúe en base a esa decisión.

Si está en la Palabra, es suya. Cuando cite la Palabra de Dios, puede ser tan valiente como la Palabra. Mateo 8:17 dice: "[Él] *tomó nuestras enfermedades, y llevó nuestras dolencias*". Eso le incluye a usted. Este versículo declara que esas cargas físicas que usted lleva las llevó ya Cristo. No tiene que rogarle que haga lo que ya está hecho. Mire este versículo, memorícelo y luego mire a Cristo a la cara, hable directamente con Él y dele gracias personalmente por tomar sus enfermedades y debilidades.

Cuando le mire a la cara, imagíneselo mientras le llevaban al poste para azotarle, con su espalda desnuda y sangrando mientras un soldado romano le azotaba su cuerpo con un látigo. Mientras le recuerda ahí, oiga el látigo de cuerdas silbando en el aire y golpeando su espalda. Mientras piensa en el terrible sufrimiento de nuestro Señor, oirá al Espíritu Santo decirle: "Por los azotes de ese látigo y los gemido del Salvador, Él sufrió nuestros dolores y llevó nuestras enfermedades, y por sus llagas fuimos nosotros curados".

Después se verá ante los hechos de sus propios derechos en Cristo. Serán reales para usted cuando afirme que "[Él] *tomó nuestras enfermedades, y llevó nuestras dolencias"*. Comenzará a verlas como verdades en vez de tan solo una teoría de sanidad. No reciba una teoría de sanidad sino abrace la realidad de Jesús y lo que Él hizo para proveerle a usted. Deje que el Espíritu de Dios le administre la realidad de eso. Porque Él fue azotado por usted. Él llevó sus enfermedades, tomó sus debilidades. La verdad de esto le atrapará profundamente cuando medite en la provisión de nuestro Señor y lo que le costó proporcionar sanidad para usted.

Ese es el pacto de Dios declarando que usted ya ha sido sanado porque Cristo tomó sus enfermedades. Solo Satanás le cargaría con una enfermedad que Cristo ya ha llevado por usted. Jesús demostró que quiere que usted esté bien. (Véase 3 Juan 1:2). Pero usted se encuentra en medio de una batalla. Satanás se le está oponiendo, pero Dios ha provisto para usted liberación. Usted tiene que afirmar que la liberación es su derecho.

Usted debe tomar la decisión: esta enfermedad u opresión es de Satanás, así que no se puede quedar. Cristo la llevó. Usted es libre, ha sido sanado. Debe ser cierto, así que ¡reclámelo! Lo recibirá.

Jesús pagó por su salud; le pertenece. No tiene que temer esto. No puede destruirle porque Jesús lo destruyó por usted. Resista la obra de Satanás. Jesús está en usted. Él ha quitado su carga. Él es su fuerza, su salud, su vida. Por su llaga somos sanados, ¡ahora!

SÉ QUE SOY JUSTO

Job sabía que era justo según las normas de justicia de su tiempo. Será muy importante para usted poder decir a sus enemigos: "Sé que soy justo con la justicia de Jesucristo. Sé que soy justo porque Dios me ha declarado justo cuando confesé a Jesús como mi Salvador y Señor. Sé que soy justo porque Dios me llama el justo que vive por fe".

Usted tiene tanto derecho a llamarse justo como a llamarse nueva criatura o hijo de Dios. Pablo dijo: *"De modo que si alguno está en Cristo, nueva criatura es"* (2 Corintios 5:17), o hijo de Dios. Y no dudamos eso, sino que decimos amén.

Si usted es una nueva criatura, es la justicia de Dios en Cristo. Dios no solo declara que usted es justo, sino que le hace justo y Él mismo se hace su justicia. Ese triple hecho llenará su corazón de gozo y su boca de canto.

Juan declaró: *"Amados, ahora somos hijos de Dios"* (1 Juan 3:2). Usted no duda eso, sino que se goza en ello. Así que gócese en su justicia.

Justicia significa la capacidad de estar en presencia del Padre sin el sentimiento de culpa o inferioridad. *"Lo que Dios limpió, no lo llames tú común"* (Hechos 10:15).

Una de las cosas infelices hoy día que muchos hacemos es condenarnos continuamente. No hemos orado suficiente; no hemos hecho esto o aquello. Si este es su caso, pida perdón a Dios y levántese y ocupe su lugar como hijo o hija en Cristo. Permita que su gracia le fortalezca para hacer frente a todo obstáculo que se interponga en su camino.

Job fue acusado de ser injusto, pero nunca cedió ante sus acusadores, sino que mantuvo su integridad. Así también usted debe dejar de ceder a las acusaciones y levantarse y ocupar su lugar, confiado de su justicia en Cristo. Ponga por obra la Palabra de Dios, y Dios le honrará, como honró a Job.

MI LISTA DE NUNCA MÁS

"¿Andarán dos juntos, si no estuvieren de acuerdo?".
—Amós 3:3

Permítame aclarar los hechos: Amós 3:3 declara que si queremos caminar con Dios en bendición, triunfo y provisión, debemos disciplinar nuestro corazón y nuestra boca para estar de acuerdo con Dios. Cuando aprendí este principio hace muchos años, escribí "Mi lista de nunca más". Escribí estas doce afirmaciones movido por un sentimiento de profunda desesperación. No me senté en mi máquina de escribir y compuse algo, ya que acababa de experimentar el evento más humillante de mi vida: ¡el embargo de mi hogar y cinco habitaciones de muebles!

"Embargo", ¡esa obra fea y odiosa que duele tanto". Estaba muy avergonzado por esas pérdidas. Sabía que el problema no era Dios o su integridad, sino que el problema era yo. ¿Cuál era mi problema? No podía caminar eficientemente con Dios y seguir estando de acuerdo con su Palabra. ¡Mis palabras no estaban en armonía con la Palabra de Dios! Con mis palabras declaraba carencia, temor, derrota, afanes, frustraciones, la supremacía del diablo, ¡y todo lo que no puedo hacer! Fue el "día de resurrección" para mí cuando comencé a activar mi fe declarando esta disciplina dada por Dios, la cual titulé "Mi lista de nunca más". No fueron tan solo "palabras bonitas" para impresionar a alguien; fue mi respuesta sincera a Dios y su verdad lo que me produjo alivio y provisión para las necesidades urgentes.

¿Cómo está usted, lector? Si su vida está de alguna forma afectada por la derrota, carencia, temor, enfermedad, duda o atadura, por favor acepte mi desafío a declarar diariamente estas doce sencillas afirmaciones de la verdad de Dios. Oro para que esta disciplina le ayude como me ayudó a mí, ¡y lo continúa haciendo!

Mi lista de nunca más

Nunca más confesaré que "no puedo", porque *"todo lo puedo en Cristo que me fortalece"* (Filipenses 4:13).

Nunca más confesaré carencia, porque *"mi Dios, pues, suplirá todo lo que* [me] *falta conforme a sus riquezas en gloria en Cristo Jesús"* (Filipenses 4:19).

Nunca más confesaré temor, porque *"no* [me] *ha dado Dios espíritu de cobardía, sino de poder, de amor y de dominio propio"* (2 Timoteo 1:7).

Nunca más confesaré duda y falta de fe, porque *"conforme a la medida de fe que Dios repartió a cada uno"* (Romanos 12:3).

Nunca más confesaré debilidad, porque *"Jehová es la fortaleza de mi vida"* (Salmos 27:1), y *"el pueblo que conoce a su Dios se esforzará y actuará"* (Daniel 11:32).

Nunca más confesaré supremacía de Satanás sobre mi vida, porque *"porque mayor es el que está en* [mí] *que el que está en el mundo"* (1 Juan 4:4).

Nunca más confesaré derrota, porque Dios *"*[me] *lleva siempre en triunfo en Cristo Jesús"* (2 Corintios 2:14).

Nunca más confesaré falta de sabiduría, porque Cristo *"*[me] *ha sido hecho por Dios sabiduría"* (1 Corintios 1:30).

Nunca más confesaré enfermedad, porque *"por su llaga* [fui yo] *curados"* (Isaías 53:5), y Jesús *"mismo tomó* [mis] *enfermedades"* (Mateo 8:17).

Nunca más confesaré afanes y frustraciones, porque estoy *"echando toda* [mi] *ansiedad sobre él, porque él tiene cuidado de* [mí]*"* (1 Pedro 5:7). ¡En Cristo, estoy *"libre de afán"*!

Nunca más confesaré esclavitud, porque *"donde está el Espíritu del Señor, allí hay libertad"* (2 Corintios 3:17). ¡Mi cuerpo es el templo del Espíritu Santo!

Nunca más confesaré condenación, porque *"ahora, pues, ninguna condenación hay para los que están en Cristo Jesús"* (Romanos 8:1). Yo estoy en Cristo; por lo tanto, soy libre de toda condenación.

ACERCA DE LOS AUTORES

Dr. E. W. Kenyon

El Dr. E. W. Kenyon (1867–1948) nació en el condado de Saratoga, Nueva York. A los diecinueve años de edad predicó su primer sermón. Pastoreó varias iglesias en Nueva Inglaterra y fundó el Instituto Bíblico Bethel en Spencer, Massachusetts. (La escuela más adelante tuvo el nombre de Providence Bible Institute cuando se trasladó a Providence, Rhode Island). Kenyon sirvió como evangelista por más de veinte años. En 1931 fue un pionero de la radio cristiana en la costa del Pacífico con su programa *Kenyon's Church of the Air* [La iglesia del aire de Kenyon], donde se ganó el apodo de "El edificador de fe". También comenzó la iglesia New Covenant Baptist en Seattle. Además de sus ministerios pastoral y de radio, Kenyon escribió extensamente.

Don Gossett

Durante más de cincuenta años, Don Gossett ha servido al Señor a través de un ministerio a tiempo completo. Nacido de nuevo a la edad de doce años, Don respondió a su llamado al ministerio tan solo cinco años después, y comenzó alcanzando a sus familiares no convertidos. Don aprendió con muchos evangelistas conocidos, comenzando con William Freeman, uno de los principales evangelistas de sanidad en América durante la década de 1940. También pasó tiempo con Raymond T. Richey, Jack Coe y T. L. Osborn. Sus muchos escritos han sido traducidos a casi veinte idiomas y han superado los veinticinco millones en distribución en todo el mundo. Don también ha grabado dos series en audio. Su programa diario de radio, lanzado en 1961, ha sido retransmitido en todo el mundo. Don crió a cinco hijos con su primera esposa, Joyce, que murió en 1991. En 1995 Don encontró de nuevo el amor y se casó con Debra, una maestra ungida de la Palabra. Juntos han ministrado por todo el mundo y han vivido en British Columbia, Canadá, y en Blaine, en el estado de Washington.